神様のためにあなたができること

人間の信じる気持ちには力がある

桜井識子
Shikiko Sakurai

PHP研究所

はじめに

この本を手に取っていただき、ありがとうございます。

私は数年前まで、人間が持っている「信仰心」にパワーがあることを知りませんでした。豊臣秀吉《とよとみひでよし》さんのことを初めて本に書いた時、ひとりぼっちの秀吉さんが寂しくないように、「興味がおありの方は豊国廟《ほうこくびょう》に会いに行かれるといいと思います」と、何気なく書き添えました。すると、それを読んでくれた大勢の読者さんが豊国廟に足を運んでくれたのです。

その方々の信仰心が、驚くほど大きな効果を秀吉さんにもたらしました。そのパワーは驚異的といえるもので、秀吉さん自身も大変驚いていました。この時に私も、信仰心には計り知れない力があるということを学んだのです。

困っている神様や眷属《けんぞく》をサポートするのは、純粋な「信仰心」、神様を心から思う「応援」です。けれど、私がどんなに深く信仰をしても、熱く応援をしても、たったひとり分の信仰や応援にはそこまでのパワーはありません。

つまり、困っている神様がいても、私ひとりだけではどうすることもできない、というわけです。ある程度の数が集まらないと……いい方を変えれば、ある程度の参拝者がいないと、大きなパワーにはならないのです。

私の読者さんは皆さん、心根の美しい、優しい方です。これはお世辞や社交辞令でいっているのではなく、神仏も認めている事実です。私ひとりではできないことでも、読者さんのお力を借りればできるかもしれない……ということで、信仰のパワーを知ってからは、さりげなく応援が必要な神社や人物を本やブログに書いてきました。

本書はそのような神社や人物の「その後」がテーマです。応援の協力をしてくれた読者さんへの報告とお礼も兼ねています。

再取材をした神社を順にご紹介しますと、まずは陸軍大臣だった阿南《あなみ》さんがおられる靖《やす》国《くに》神社です。この方は自決のさまざまな問題から抜けられずに苦しんでいました。私のような弱輩者の前で泣いていたので、なんとかしなければと思いました。

高野山の片隅には、パワーが大幅に衰えているお稲荷《いなり》さんがいました。清高《きよたか》お稲荷さんです。とてもしんどそうにしており、参拝者でにぎわう高野山なのに、このお稲荷さんに参拝する人はいないようで、なんとかしなければ消えてしまうのでは……と心配になり、本に書きました。

一の眷属が非常に優秀で、その一の眷属が子分である小さな眷属たちの修行のために、参拝者を増やしたいと考えていたのが源九郎稲荷《げんくろういなり》神社です。「手伝え」ということで私を神社に呼びつけ、「本では最初に紹介してほしい」という無言のお願いをしに私の自宅にまで来られました。

後醍醐《ごだいご》天皇は神様修行がおつらいようで、真面目に取り組んでいませんでした。人間的に大変魅力のある方ですし、吉野《よしの》神宮という大きな神社を建ててもらっているので、神様にならないのはもったいないと思いました。

前述した秀吉さんは多くの読者さんに助けてもらって状態が飛躍的に好転しました。その恩返しをするために、猛烈な勢いで神様修行を頑張っておられます。高野山の豊臣家の墓所にいるお母様と弟さんもずっと心配をしていました。

織田信長《おだのぶなが》さんは何万という人の形をした、黒い悪想念《あくそうねん》に引きずられて、地獄の入口まで落ちていました。そこから自力で浮上するのは無理だということで、息子さんである信忠《のぶただ》さんに助けてほしいとお願いをされました。

於菊稲荷《おきくいなり》神社にいる於菊さんは、私の家まで「参拝に来てほしい」とお願いに来られました。もとが人間の於菊さんはお稲荷さんのところで修行をしても神様になれませんし、後輩にどんどん追い抜かれていく立場です。それでも、心からお稲荷さんと眷属の幸せを願って、参拝者を増やしたいといっていました。

四谷怪談のモデルであるお岩《いわ》さんは悲しみのどん底にいました。怪談は作られたストーリーなのに、実在した自分の名前を使われて、化け物の代名詞にまでなっていたからです。人に祟《たた》って殺人を犯す人物だという汚名に深く傷ついていました。


私の本を読むのはこれが初めてという方のために、どのエピソードも最初の参拝時のことをざっと説明しています。ですので、この本から読み始めてもちゃんと経緯がわかるようになっています。

人間の信仰心と応援がどのようにそれぞれの状況を変えたのか……その素晴らしい効果をぜひ知っていただきたいです。

第2部では、今まで多くの質問をもらってきた「喪《も》」がつきやすい職業について書いています。血がつながっていない他人の喪がついた場合、7日ほど神社参拝を控えますが、葬儀社にお勤めの方、医療従事者の方をはじめ、7日も日があかないという職業の人がいます。神社に行きたいのに喪が明けない……という相談をいただくことが多いので、そこを空海《くうかい》さんに聞いてきました。次々に喪がつく職業の人はどうすればいいのかという解決策も教えてもらっています。

出雲大社《いずもたいしゃ》では毎年、神在祭《かみありさい》が行なわれます。神在祭の出雲大社の様子は実際にその場に行ってしっかりと見て、それを数年前に本に書きました。しかし、出雲に行くほうの神様への取材、出発当日の一般の神社の様子については取材をしたことがありません。そこで神在祭の初日、いくつかの神社を参拝してみたのです。どのような準備をするのか、神様はどのような感じで出発されるのか、見てきたままを書いています。

私は神様霊能力修行をするために何カ所か特定の神社に通っていました。そのひとつである石上神宮《いそのかみじんぐう》で「なるほど～！」と思った成功の秘訣を聞いたので、これもシェアしています。なんとなくそういう話は聞いたことがあるかも？　という内容ですが、神様から理由を聞いて大きく納得したので、皆様にもお伝えいたします。
神武《じんむ》天皇が東征した頃の、関東の古代人だった神様についても書いています。
自分でいうのもなんですが、読みごたえのある1冊に仕上がっています。

人間に多くの恩恵やごりやくを与えるのが神様です。その神様に、私たち人間でもお役に立てることがあったのです。それはどういうもので、どのように喜ばれるのかを詳しく書いています。

人間は私たちが思っている以上に力を持った尊い存在です。そういう意味では、この本は人間の素晴らしさに気づくことができる1冊になるかもしれません。

桜井識子

神様のためにあなたができること

目次

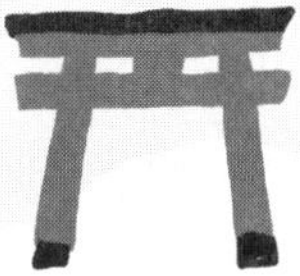

第1部 人間の驚くべき応援パワー

豊臣秀吉《とよとみひでよし》公

『運玉』東邦出版（2015年刊）
『神様、福運を招くコツはありますか？』幻冬舎（2016年刊）
『運玉』幻冬舎文庫（2019年刊）で紹介

織田信長《おだのぶなが》公

『京都でひっそりスピリチュアル』宝島社（2016年刊）で紹介

於菊《おきく》さん

『神さまと繋がる神社仏閣めぐり』ハート出版（2016年刊）で紹介　129

お岩《いわ》さん

ブログで紹介　2018年10月〜11月（現在は非公開）　150

第2部 神仏から聞いたためになる話

装丁・目次／扉デザイン　根本佐知子（梔図案室）
装画・目次／扉イラスト　竹添星児

第1部

人間の驚くべき応援パワー

陸軍大将・阿南惟幾《あなみこれちか》さん

〈『神社仏閣は宝の山』ハート出版（2016年刊）で紹介〉

靖国神社《やすくにじんじゃ》

5年前、靖国神社（東京都千代田区）について書きました。私はこの神社に2回行っていて、1回目は前世《ぜんせ》の親友との約束を果たすための参拝でした。

初めて私の本を読むという方は、ここで「え？」と思われるかもしれません。実は私は、いくつかの自分の前世を知っています。初めての読者さんがこの先を読み進めていって「は？」と思わないように書いておきますが、私には神仏が見えますし、会話もできます。幽霊は時と場合によりますが、こちらも見えて、会話をすることができます。

これは長年にわたるいろいろな修行の積み重ねと努力の結果、身についた能力です。私が特別だということではなく、どなたでも同じ能力を身につけることができます。神仏を見たり、話を聞いたりすることは、特別なことではないのです。

話を戻しまして、前世の親友と私は出身地は違っていましたが、同い年で同じ基地にいた特攻隊員でした。

ある日、その親友が私を待ち続けている姿が映像で見えました。靖国神社の片隅に膝を抱えて座っているのです。その時に私は、親友と「靖国で会おう！」と約束していたことを思い出しました。今でも私が行くのを待っている彼を見て、いても立ってもいられず、慌てて参拝に行ったのです。

私は前世で死んだあとすぐに靖国神社に行ったのですが、すでに成仏していたため、彼に声をかけても届きませんでした。これはもう生まれ変わって約束を果たすしかない……とあちらの世界で悟ったことも思い出したのです。

靖国神社の境内《けいだい》で彼と会うことができ、言葉を交わし、懐かしいあだ名で呼び合い、あの頃に戻ったように面白くない冗談でゲラゲラ笑って……楽しいひとときを過ごしました。彼は成仏する決意をして、最後は敬礼をしてお別れをしました。心が洗われるような体験でした。

２回目は関東の神社仏閣を紹介する本の取材で行きました。境内にある「遊就館《ゆうしゅうかん》」（戦没者や戦争、軍事に関する資料が展示されている歴史博物館です。零戦をはじめ遺品や遺影など多くのものがあります）を見学していて、そこで阿南さんと出会ったのです。

靖国神社は神門《しんもん》を一歩入ったところから、ものすごい柱数の英霊がいます。羽織袴《はおりはかま》の人もいれば、軍服を着た人もいます。特攻隊の格好をした人もいるし、幕末からのいろんな人がいて、それぞれが自分を表現する服を着ています。

実際に参拝して初めて、靖国神社には幕末の人もいるのだということを知りました。A級戦犯がどうのとか、政治家の参拝がどうのとか、そういうニュースが多いので、感覚的に第二次世界大戦で命を落とした人を祀《まつ》る神社、という印象があったのです。

遊就館にある遺影の数は膨大です。でもそれは祀られた人数全員分ではありません。幕末、日清・日露戦争、第一次・第二次世界大戦と、一体どれだけの人がこの国のために命を落としたのだろう……と、そのようなことを考えさせられます。日常生活ではそこに思いが至りませんから、深く思惟《しい》することができる神社なのです。

私は、英霊となった方々が現在のこの平和を作ってくれたことに、感謝をしなければいけないという気持ちになりましたし、国の礎《いしずえ》となった方々を、この先も大事にしていくべきだとしみじみ思いました。

靖国神社の境内は多くの英霊が空間にみっちりいるため「圧」がすごいです。ここにい

る英霊のほとんどは成仏していません。なぜ成仏していない人が多いのかといいますと、自分の最期、自分が成したことに誇りを持っているからです。

お国のために命を捧げた、というその部分にプライドがあります。

加えて「靖国神社に来たからには英霊として日本を守らねば！」という日本男児としての責任感、義務感を持っていますし、この国が心から好きだという愛国心もあります。それらの思いがとても強いのです。亡くなってもなお……真面目なのです。

けれど、その純粋な思いがおもりとなって、引っ張っている部分があります。そこにこだわるあまり、自分の意思で成仏していないのです。

靖国神社に参拝することがあれば、英霊にお声をかけてあげることが望ましいです、と本に書きました。お国に尊い命を捧げられたこと、国を守るために靖国神社にずっとおられることに対して、国民として深く感謝をし、お礼を述べる、ということが供養になるのです。

そこで「ご自分のために、もう成仏されてもよいのではございませんか？」といえば、どなたも男泣きに号泣します。そして、そのあとス～ッと成仏していかれます。亡くなって時間がたっていますから、説得をすれば自力で成仏ができるのです。

靖国神社には246万6584柱という途方もない数字の人々が祀られています。この話を書いた当時、半分以上は成仏していようでしたが、まだ30～40万人は残っているみたいでした。

自刃《じじん》した阿南さん

阿南さんをご存じない方のために、まずは『百科事典マイペディア』から引用します。

【陸軍大将。大分県出身。1918年陸大卒。※侍従武官、陸軍省人事局長などを経て19

３９年陸軍次官となり、日独伊三国同盟に反対する米内光政内閣の倒閣を画策、総辞職に追い込んだ。第２次大戦中各地野戦軍司令官を歴任、１９４５年４月鈴木貫太郎内閣の陸※相に就任、徹底抗戦を主唱し、８月14日無条件降伏決定後、15日未明陸相官邸で割腹自殺。】

※編集部注・陸大は陸軍大学校のこと。陸相は陸軍大臣のこと。

私は遊就館の展示物をじっくり見るのが苦手なので、けっこう足早にスタスタと歩きます。２回目の時もそのように歩いていたら、「ちょっとこちらへ」と引っ張る人がいました。

引っ張られるままに行くと、そこは阿南さんのコーナーでした。阿南さんの血まみれの遺書の複製が展示されていたのです。そして、驚くことに当の本人、阿南さんがそこにいました。そしてこういったのです。

自分は間違っていなかった、と。

勉強不足で戦時中の詳しい事情を知らない私は、なんのことをいっているのかサッパリわかりませんでした。実はこの時まで阿南さんも知らなかったのです。ですから、返答に困りました。

阿南さんは自殺のパニックからまだ解放されていないようで、理路整然と何が間違っていなかったのかを説明することができません。自分は間違っていなかった、ということを繰り返すだけです。

阿南さんは……とても苦しそうでした。パニックが続いているので、死んだ時の状態が継続しており、相当痛みがあったようです。

なんとかしてあげたいとは思ったのですが、事情がまったくわからないため……うわべだけのなぐさめしかできませんでした。一生懸命に、わからないなりに、でもなんとかして差し上げたいという思いでなぐさめていると、阿南さんは泣いていました。

帰宅していろいろと調べてみましたが……当時の状況は人間関係や軍事関係、諸々のことが複雑で理解をするのが非常に難しいのです。そこで、阿南さんのことを本に書きました。「戦時中の政治や軍のことに詳しい方がおられましたら、ついでに関東にお住まいでしたら、その方にしか阿南さんは救えません。いつか靖国神社に行ってあげてほしいと思います」と。

本の発売後、戦時中の知識がある方からお手紙やメッセージをいただきました。「心をこめて説得してきました」「間違っていなかったことをお話してきました」と、行かれた方がその場で丁寧な供養をして下さったみたいでした。中には昭和天皇の御陵《ごりょう》にまで行かれ、阿南さんのことをお話しした、という方もおられました。

いつも思うことですが、読者の皆様の澄んだ美しい心には深い感銘を受けます。阿南さんは無事に成仏されたのではないか、とそう思いました。

2020年の靖国神社

前述したように、この神社は英霊が空間にみっちりいるので、境内に入ったら押されるような「圧」を感じます。空気が重たいので、気合を入れて歩かなくては……と、３度目の参拝は心して神門をくぐりました。

しかし、予想に反して、境内の「気」がスカーッとありえないほど軽いのです。え？　なに？　この軽さはなぜ!?　と信じられませんでした。あまりの変化に驚いて、しばらく歩くのを忘れたくらいです。

前回までは成仏していない英霊がびっしりと、それはもうひしめき合っているという状態だったのですが、今回はほとんどいませんでした。あれれ？　えっと……同じ神社？　というくらい変わっていたのです。

そこで気づきました。ああ、そうか、読者さんがたくさん来てくれて、供養（お国のために命を捧げてくれたことに感謝する、お礼をいう、成仏されてはいかがですか？　と心をこめて説得してみる、などです）をしてくれたおかげなのだ、と。

胸がジーンと熱くなりました。ひとりひとりの供養は小さなものですが、それが積み重なると、こんなに大きな効果となるのです。

そういえば、「阿南さんのことはわかりませんが」という前置きがあって、「靖国神社に行かなければ！　と思い、参拝してきました。英霊の方々に心からお礼をいいました」「お国のために命を捧げて下さってありがとうございますと、感謝を伝えてきました」「成仏することをおすすめしてきました」というメッセージやお手紙が、たくさん来ていたことを思い出しました。

成仏していない存在に声を届けられるのは人間だけです。神様や仏様がどんなに救ってあげたいと思っても声は届きません。成仏していない存在には、波動の関係で、高次の存在からはコンタクトができないのです。でも、人間だったら声を届けることができます。

靖国神社に行ってあげよう！　感謝を伝えよう！　お礼をいおう！　という英霊を思いやるあたたかい気持ちを、人間だったら言葉に載せて、ストレートに送ることができるのです。

頑《かたく》なに閉ざされた英霊の方々の心は、そのような優しい人に説得されて、ふわ～っと軽くなって解放され、素直に成仏していったのだと思います。以前の靖国神社を知っている私は、人間にはこれほどの力があるのか！　と、驚愕《きょうがく》しました。

前回は、右を見ても左を見ても英霊でいっぱいでした。ぎゅうぎゅう詰めの境内だったのです。それが、今回はちらほらとしか残っていません。ものすごい数の英霊が成仏していました。

そして、涙がポロポロと出て止まらなかったのは、成仏していった英霊の方々が供養をしてくれた人に「ありがとう」という感謝を置いて、去っていることです。「あ

りがとう」が境内にいっぱいありました。そのため、とても気持ちのよい空間になっているのです。

英霊のことを思い、時間も交通費も使って供養に行った人、そのありがたみを正しく理解して、感謝の気持ちを残し成仏した英霊の方々……人を思いやる心は神々しいほどにあたたかいのです。

久しぶりの阿南さん

阿南さんもきっと成仏をしているはずです。もうここにはいないだろうと思いましたが、確認のため遊就館に行ってみました。遊就館の中もスッキリ爽やかな空間になっていて、あれだけいた英霊がスカーッといなくなっていました。

ああ、よかった〜、と思いながら阿南さんコーナーに行くと……なんと、阿南さんはまだそこにいました。

「え！　なんで！」

思わず声が出ました。しかしよく見ると、阿南さんはニコニコとした柔らかい表情です。前回のように苦痛に歪《ゆが》んだ顔をしていません。

さらに、身につけているのは、ごく普通の神職さんが着るような装束です。でも、袴に色はついていません。上下真っ白の神職さんの格好で、自分の血染めの遺書のところにいました。成仏していないのです。

何から聞くべきなのか悩みましたが、以前は軍服を着ていたので、そこから質問をしてみました。

「軍服はもう着ないのですか？」

「着ない」

ここからは阿南さんに聞いた話です。

私に「間違っていなかった」と訴えたあと、私の本を読んだという人が阿南さんを励ますためにたくさん訪れてくれたそうです。中には当時の事情に詳しい人がいて、その方なりの意見を述べ、阿南さんは間違っていませんでしたよ、といってくれたといいます。その認識や考えは正しく、阿南さん以上に阿南さんと日本の状況をわかっていたそうです。

「こんなに詳しく事情を知っている人がいたとは！」「そこまで理解しているのか！」と阿南さんは心底驚き、そして徐々に心がほぐれていきました。理解を示してくれた人たちが口にしてくれた言葉は、何度も何度も繰り返し反芻《はんすう》したそうです。

それにより、「つらい」「悲しい」「苦しい」「誰かに自分のことをわかってもらいたい」という心の地獄から抜けることができたのです。長い間、自分の心にとらわれていたことにやっと気づいたのでした。

阿南さんのことを心配して参拝してくれた読者さんが、阿南さんの気持ちを本人に代わって言葉にしてくれたおかげです。わかってくれる人がいた、それも1人や2人じゃない、しかも細かいところまで完璧に理解している人もいる……ということを知り、自分の状態を客観的に見ることができたのです。

「つらい」「誰かわかってくれ」という念にしばられる必要はないのだと悟って、そこから解放されています。それでパニックからも脱出でき、痛みも一切なくなって、自由に動けるようになったのでした。

しかし、ここで私は疑問に思いました。阿南さんは読者さんのおかげで成仏できるところまで回復したのです。それなのに、なぜ成仏せずにここにいるのでしょうか。

「阿南さん、ここまでのことはよくわかりました。でも、成仏なさらずにここにいらっしゃるのは……どうしてですか？」

率直に聞くと、

「まだとらわれている者がいるから」

という答えが返ってきました。靖国神社にいる英霊は戦争で亡くなっていますから、亡くなる時に痛い思いをした人が多いです。その苦痛が「引っ張る念」になっているパターンがあるそうです。

敵に強い恨《うら》みや憎しみを持ったまま亡くなった人や、深い悲しみを抱えて亡くなった人もいます。戦争という特殊な状況で心に傷がついた人は、ガッチリとその傷にとらわれてしまい、成仏できていないのです。日本をここで守る！　という念が強い人も成仏できないそうです。

阿南さんは、この者たちが無事にとらわれから解放される（成仏する）まで、自分はここ（靖国神社）にいて、悟ることを手伝ってやりたい……といいます。成仏してしまったら声が届かなくなるので、成仏をせずにサポートしようと決めたみたいです。

この決意をさせてくれたのは……本を読んで来てくれた読者さんだといっていました。

昭和天皇の御陵に報告に行ってくれた方が３人いたそうですが、「私が責任を持って昭和天皇の陵《みささぎ》であなたの話をしてくる。あなたのことをもしも誤解していたとしても、私が解いてくる。だから安心して下さい」といわれた時は、こらえきれずに、おんおんと大声をあげて大泣きしたそうです。

そのような経緯で、自分が地獄の苦しみから救われたため、「成仏できない人を助けよう！」と、自分の成仏をあとまわしにしているのです。神職さんの装束を身につけていたのは、靖国神社に残って奉仕をしようと決めたからだそうです。

私に生前の阿南さんの知識はありませんが、慈悲深い人であり、真に優しい人だと感じました。読者さんの応援パワーがそのように変えたのかもしれません。

成仏していない英霊が全員、靖国神社からあちらの世界に帰るのは、そう遠い日ではないように思います。そうなったら今度は、成仏した英霊がせっせと修行をして、神様となって戻ってくるでしょう。

英霊のほとんどの方は純粋で真面目、責任感も、愛国心も強いので、将来の靖国神社はそのような素敵な神様ばかりの、日本一の聖地になるように思います。

清《きよ》高《たか》稲《いな》荷《り》大明神

〈『もっと！　神仏のご縁をもらうコツ』ＫＡＤＯＫＡＷＡ（２０１７年刊）で紹介〉

初めて参拝に行った時のお稲荷さんの状態

清高稲荷大明神（清高稲荷神社、和歌山県伊都郡高野町）は、高《こう》野《や》山《さん》の金《こん》剛《ごう》峯《ぶ》寺《じ》から奥《おく》之《の》院《いん》へ行く道の右手にあります。私がこの神社に参拝したのは２０１６年でした。その時の正直な感想は、かなりさびれているな～、でした。非常に気の毒な状態だったのです。

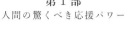

一の鳥《とり》居《い》はそこそこキレイでしたが、２本目の鳥居から奥はすべて色《いろ》褪《あ》せていて、表面が剝《は》げていました。「うひゃ～」というくらい朽《く》ちているものもありました。お社《やしろ》の前にある建物はかたく閉じられていて、そこにあった大きめの鳥居も表面が剝げており、信仰する人がほとんどいないという感じだったのです。

お稲荷さんは狐のお姿ですが、ごく普通のお稲荷さんのように、本《ほん》殿《でん》の空間にこちらを向いて座っているのではなく、参拝者側に背を向けて、くるんと丸くなって横たわっていました。毛の色はやや濃いめの茶色で、毛ヅヤも悪くパサパサでした。

私がお社の前で祝詞《のりと》を唱えると、お稲荷さんは頑張ってすっくと起き上がり、こちらを向いて座りました。

ここのお稲荷さんは空海《くうかい》さんが勧請《かんじょう》した、平安時代の終わり頃に勧請された、など諸説あるのですが、お稲荷さん本人の話だと江戸時代に勧請されて来たそうです。

会話の中で「ここは居づろうてなぁ」と、ため息をついていました。高野山は仏様の山なので、お稲荷さんはしっかりと神様の結界を張っていなければいけません。それにはかなりのエネルギーを要します。お稲荷さんという神様は信仰が足りなくなると、エネルギーが十分ではなくなるため、そうすることがちょっとしんどいようでした。

「帰りたいがの〜」と、チラッと本音をいっていましたが、神様は勧請されて来たからには、その場所を簡単に動いたりしません（まれに例外もあります）。勧請は一種の〝約束〟であり、一度約束をしたら破らないというのが神様です。そのため、律儀に鎮座し続けているのでした。

しんどい状態のお稲荷さんが、もとのように元気になるために必要なのは「信仰」です。参拝する人が少し増えるだけでも違います。それで、本に書いて読者さんに協力をお願いしようと思いました。

私が本に書いても1回きりの参拝しかできない人がほとんどで、そのことをお稲荷さんに確認すると、

「それでもいいから来てほしい」

切実に訴えてきます。1回きりの参拝でも、応援だけの参拝でもかまわない、というところをみると、とにかくひとりでも多くの人にお参りに来てもらいたいみたいでした。

「私の本の読者さんは優しい人が多いんです。もしかしたら、お酒やお赤飯やいなり寿司なんかを持って来てくれるかもしれません」

何気なくそういったら、お稲荷さんも眷属《けんぞく》ものすごーーーく嬉しそうにしていました。そうか、そういう人が来てくれるか♪　みたいな感じだったのです。その日のお社の前に置かれたお供え物は、古~いお酒やお水などで……半年前の？　というものでした。スズメバチの死骸までそこにありました。

「さすがにこれは、よう片付けません、すみません……」

と、謝ると、

「お前が悪いのではないからよい」

お稲荷さんは優しい言葉をかけてくれました。毛ヅヤが悪くなっていて色も茶色でしたが、サイズはまあまあ大きかったので力はあるお稲荷さんなのです。

「神様、応援に来ましたよ～」という信仰が少しでも集まると、パワーを取り戻していくように思いました。参拝を終えて境内を出る前に振り返ると、お稲荷さんも眷属もなんだかとても寂しそうにしていました。多くの観光客が訪れる高野山の片隅に、このようなお稲荷さんがいることを知っていただきたい……これが本に書いた内容です。

2020年秋の参拝

レンタカーを少し離れたところに停めて、神社までてくてくと歩いて行きました。お稲荷さん、元気になられたかな？　パワーが復活してるかな？　そうだといいな、と再会が楽しみでした。

鳥居が見えるところまで来ると、眷属が15体くらい、勢揃いして待っているのが見えました。眷属たちは上機嫌でニコニコしています。ひと目でパワーが戻っていることがわかりました。

こんにちは～、とご挨拶をして鳥居をくぐると、眷属たちが参道を先導してくれます。

ああ、癒《い》やされる〜、と思ったのは、眷属たちは狐の姿なのに、「おいでおいで」をするのです。私よりも少し先を進んでいて、ゆっくり歩く私を振り返り「おいでおいで」と手招きをするわけです。早く境内を見せたいのだと思います。

「あの、眷属さんたち〜、それって猫のポーズですよ〜」

と、ツッコミを入れておきました。眷属たちは、はにかんだ感じで笑っていましたが、狐が招き猫ポーズをしているのは可愛《かわい》いです。どの眷属も嬉しそうにぴょんぴょんと跳ねまわっていました。ぴょんぴょん跳ねて案内ができるのは元気だからこそです。

以前の参道の「気」は、ほのかにお稲荷さんの色があるという程度でした。消えそうなくらい薄いご神気だったのです。閉ざされっぱなしなのか、お社の手前にある古い建物（真ん中はお社への通路となっており、左右は小さな部屋です）は暗く、なんともいえない雰囲気でした。そこに湿った重たい土地の「気」が混ざり合い、とてもじゃないけれど神社とは思えない……という空間だったのです。

それが今回、境内に一歩入ると、うわぁぁぁ！　なに？　この明るさ！　と叫んでしまうほど、ガラリと変わっていました。別の神社？　というほどの変化です。暗い建物は色が塗り替えられていて、左右の小部屋は両方とも戸が開かれており、電気がついていまし

た。
右側はたくさんの飾りや授与品の展示がしてある授与所になっていましたし、左側は宮司さんでしょうか？　お客さんと会話をされていたところをみると、社務所になっているみたいです。
普通の神社になっている！　それも、あたたかい素敵な神社になっている！　と涙が出そうになりました。いきなりそこで泣くのも変なので我慢をしましたが……感動で心が震えました。
とにかく明るいのです。こういってはなんですが、場にそぐわない明るさです。先ほども記しましたが、この場所はもともと暗い土地のようで、湿気た重た〜い「気」

がどんよりと広がっています。よいとはいえない場所なのです。そういう理由で、ここにはお寺が建てられていないのだと思います。

お寺が建っていないから土地が空いていたわけで、それでお稲荷さんはここに勧請をされたようです。つまり、土地自体がちょっと難アリなのです。けれどそれがお稲荷さんパワーで払拭されていました。

お社のそばに行くと、狛狐《こまぎつね》が2体とも私にペコペコと頭を下げてくれます。これには心底驚きました。狛狐がお辞儀をするのは珍しいからです。何度も頭をさげて「ありがとう」といっていました。

輪袈裟《わげさ》をつけたお稲荷さん

祝詞を唱えると、お稲荷さんが大きなお姿で座っているのが見えました。

きゃ〜！　神々しいお稲荷さんになってるー！　というのが第一声です。元気が足りなくて横になっていたことが嘘のように、力強く鎮座しており、サイズも巨大化していました。毛の色も真っ白に変化して輝いていて、ツヤツヤなのです。毛ヅヤって神様のパワーと比例するんだな〜、とあらためて思いました。

ここで、一瞬ですが、お稲荷さんは輪袈裟をつけているように見えました。

輪袈裟というのは、デジタル大辞泉から引用しますと、【幅6センチくらいの綾布を輪に作った略式の袈裟。首にかけて前に垂らす。天台宗・真言宗・浄土真宗などで用いる】となっています。

この輪袈裟をつけているお稲荷さんを私は一度だけ見たことがあります。岡山県の「最《さい》上稲荷山《じょういなりさん》妙教寺《みょうきょうじ》」というお寺で、です。ここのお稲荷さんは仏教系なので、輪袈裟を首にかけていました。

ちなみに、妙教寺は日蓮宗です。日蓮宗のお坊さんは輪袈裟をつけないようですが、仏様に宗派は関係ありません。宗派ごとに別の仏様（薬師如来とか不動明王など）がいるわけではないのです。仏教を宗派で分けているのは人間だけです。仏様はもっと大らかで、安置されているお寺が属する「宗派の決まり」にこだわることはありません。

最上お稲荷さんに、「どうして輪袈裟をつけているのですか？」という質問をしてみたところ、「お前がわかりやすいようにだ」という答えが返ってきました。見える人が見た時に、仏教の世界にいることを理解しやすいように、という配慮なのです。たしかに輪袈裟を見た瞬間に、仏様世界のお稲荷さんだな、ということがわかりました。

しかし、清高お稲荷さんは神様です。どうして輪袈裟を？　と思っていたら、これからは「高野山のために」という気持ちを持って働くといっていました。今までは自分は神様界の存在であるため、高野山と自分は別、という意識だったそうです。

けれど、応援に来てくれた人々は皆、高野山に来た人であり、高野山のおかげでお稲荷さんも参拝してもらえたわけです（清高お稲荷さんを参拝するために、高野山を訪れてくれたありがたい人もいたそうです）。高野山に恩があるということで、感謝の気持ちとして輪袈裟をつけているそうです。

「礼をいう」

お稲荷さんが私にしみじみとした感じでお礼をいってくれました。

「いえいえ、お礼をいただくのは私ではありません～。ピュアな心を持った読者さんです」

お稲荷さんは大きくうなずき、近くにいる眷属たちは「うん、うん」と、小さくたくさんうなずいていました。

私はここで、人間が持っている力に限界はないのでは？　と思いました。人間は神仏に比べると非力なように思えますが、持っている力には底知れぬものがあります。信仰心はものすごいパワーを秘めているのです。

見返りを求めず、「神様を元気づけて差し上げよう」「応援しに行こう」と思うことは慈愛ですから、尊いです。高野山まで行くには時間もお金もかかります。それでも行ってあげようと思うその優しさ……と、考えていたらじんわりと涙が出ました。

私は落ちぶれた姿のお稲荷さんを見ています。あのお稲荷さんがここまで大きくなって、茶色くパサパサだった毛が真っ白のツヤツヤな毛に戻り、パワーを取り戻しているのは奇跡としかいいようがないのです。

背筋をピンと伸ばしたお姿を見ていると、あの時のお稲荷さんと同じとは思えず、人間の信仰心は神様をここまでパワーアップさせるといいますか、もとに戻すことができるのだと知りました。

嬉しかったお茶の接待

祝詞を終えてくるりと向きを変えたら、授与所から美人のお姉さんが出てきました。そして「どうぞ」とお盆の上にお茶を載せて差し出してくれるのです。清高お稲荷さんに参拝してお茶をいただけるなんて！　と嬉しかったです。

そういえば、読者さんから「お茶の接待をしてもらいました」というメッセージが何通も届いていたな、と思い出しました。メッセージを読んだ時は、接待をしてもらえる日だったのかな、と思っていましたが、もしかしたら毎日なのかもしれません。

ちょうどいいあたたかさのお茶は、心もあたためてくれました。来てくれた人へのおもてなしは、神様がそうしたいと思っていることであり……その神様の気持ちを受け取れる方が代わりにやっているのです。

うわ、あかん！　涙がドバーッと出そう！　でも、ここで泣いたら変に思われる！　ひー！　と、泣くのを我慢するのに必死でした。

お茶は本当に美味しかったです。お姉さんにお礼はいいましたが……泣くのをこらえるのに必死だったのと、なにせ小心者でシャイな性格のため、自分から話しかけるのは……無理でした。

私はお礼をいうだけで精一杯でしたが、読者さん情報だと、こちらから話しかければ会話がはずむそうで、楽しいひとときを過ごせるとのことです。

この日は雨模様だったせいもあって、写真がうまく撮れませんでした。

「明日は晴れるそうですから、また明日の早朝に来ます！」

お稲荷さんに予定を告げて、この日はこれで失礼しました。

以前は参道が仏教の「気」に強く押されていました。お稲荷さんの「気」が弱っていたので、消える寸前といっても過言ではないくらい、ギリギリで「気」を保っている状態だったのです。う〜、と必死で頑張っているような、それでも薄いご神気でした。

けれど、この日はハリのあるお稲荷さんの波動がしっかりと参道に満ちていました。お稲荷さんは神様ですが、自分だけの力ではもとに戻ることができませんでした。あのお姿のお稲荷さんを放っておいたら……ますますパワーダウンしていただろうと思います。

でも、この日のお稲荷さんは強く、大きく、やる気満々でした。そこまで変えたのは人間の信仰心です。人間は……自分たちが思っている以上に大きな存在なのかもしれない、と思いながら神社をあとにしました。

感謝の見まわり

翌日の早朝、奥之院の勤行《ごんぎょう》に参加して、その足で清高お稲荷さんにもう一度参拝しまし

た。時間が早かったため境内には誰もいません。そこで思いっきりうろうろして写真を撮りまくり、お稲荷さんとたっぷりお話をしました。

入口で気づいたのは鳥居がすべて美しくなっているということです。最初に来た時は、一の鳥居だけはそこそこキレイでしたが、2本目からは色が剝げていて、奥に行くと朽ちた鳥居ばかりでした。

現在は、すべての鳥居が塗り直しをされており、中には立て替えられたものもあるようで、鳥居の集団が生き返っているのです。参道を進んで境内に入ると、白と赤に塗り直された建物がお迎えをしてくれます。

以前は何もない境内でしたが、手水《ちょうず》鉢《ばち》が作られ、お百度石も設置され、絵馬掛けも作られていて、ゆっくり過ごせるベンチまであるのです。授与所の裏には池も作られていました。手作りのぬくもりが感じられる神社に変身しているのです。

私が最初に行った時は、お社の裏側はただの山でした。しかも、じめじめと湿気の多い地質で歩くと靴が沈むし、バキバキと腐った木を踏むし、ずるりっと滑ったりもしました。

こんな土地に祀られてお気の毒……と思ったのが本音です。高野山だけど、土地が「う～ん」と首をかしげてしまうところで、ここに祀られたお稲荷さんはつらいのでは？　と思いました。

丸まって横になっていたお稲荷さんはパワーが枯渇していたため、神様なのに、しんどくて横にならずにはいられない……という状態だったわけです。それが今、元気ハツラツとなって鎮座しています。ご本人によると、もとに戻った以上にパワフルになっているということです。

それは参拝をしてくれた読者さんのおかげ……と思うと、またまたここで滂沱《ぼうだ》の涙です。誰もいなかったため、思いっきり涙をダバダバと流して泣きました。神仏を心から敬《うやま》う信仰心、頑張って下さい、応援しています、と純粋に神様を思う慈愛、それを神様に差し出せる人は素晴らしいです。

狛狐は昨日に続き、嬉しそうにニコニコしています。最初に会った時よりも、性質が丸く柔らか〜くなっているのです。

この日も時々お稲荷さんの首に輪袈裟が見えました。お稲荷さんの大きさをあらためて見たら、お社の周囲に立っている杉の木の3分の2から4分の3ほどの高さでした。杉のてっぺんよりちょっと低いくらいです。

4年という短期間でここまで巨大化しているのです。大きくパワーアップしていますが、お顔は優しい感じで可愛らしくなっていました。

神様は守り続けてくれる

「次の本にお稲荷さんのことを書かせて下さい。人

間の信仰心が持つパワーについて書きたいのです。お稲荷さんの言葉も載せたいです」

「うむ。本を読んでここに来てくれた人に、礼を伝えてほしい」

お稲荷さんがつらい状態だと知って来てくれた人には心から感謝をしているそうです。


さらに、来てくれた人はひとり残らず覚えているといいます。

参拝に来てくれた人の家には時々眷属を見まわりに行かせているそうで、それは感謝の気持ちからだといっていました。ここまで深く人間に感謝をしている神様は珍しいです。

清高お稲荷さんは今はまだそんなに眷属は多くありません。ですから、時々しか眷属を見まわりに行かせることができないそうです。

お稲荷さんはこれから頑張ると張り切っていました。多くの願掛けを叶え、厳しい修行もして神格を高め、神社を栄えさせる。そうすることで眷属が増えたら、来てくれた人のところにもっとコンスタントに見まわりに行かせる、といっていました。お礼としてしっかり守ってやりたいのだそうです。

神様が感謝をするのは、一回きり、一時期だけではなく、ずーっと続きます。つまり、その人は死ぬまで神様に感謝をされ続け、守ってもらえる、というわけです。生まれ変わってふたたびその神社に行けば、新しいその人生でも同様に守ってもらえます。

「いつか、大きな神社になったらいいですね」

お稲荷さんはフフフと笑って、そんなに大きな社殿はいらない、といいます。

「これで十分」

にっこりと微笑《ほほえ》んでいました。

人間に対して感謝の気持ちを持っているため、以前に比べ、慈悲深いお稲荷さんになっています。ひとりひとりに寄り添ったお稲荷さんであり、それはこの先も心がけたいそうです。挫折や失望もわかっているお稲荷さんですから、厳しい！　みたいなところがまったくありません。

前回の紹介では、応援に行ってあげてほしいというお願いでしたが、今回はおすすめの神社として紹介をします。

優しいお稲荷さんですから、一生懸命に願いを叶えてくれます。眷属も常にニコニコしていますし、高野山に行ったら参拝をせずに帰るのはもったいないという神社です。

源九郎稲荷神社《げんくろういなり》

〈『神社仏閣 パワースポットで神さまとコンタクトしてきました』ハート出版(2015年刊)で紹介〉

優秀な一の眷属

源九郎稲荷神社は奈良県大和郡山市にある小さな神社です。別のお寺に行くつもりで計画を立てていたところに、ここの一の眷属からお呼びがかかったので、奈良県立美術館に行くついでに寄ってみました。

神社の特徴としては、神社の規模とマッチしていない眷属の数、ご祭神《さいじん》のお稲荷さんが伏見のお稲荷さんほどではないけれど山岳系神様の域に近い、一の眷属は厳しいけれど優秀、などが挙げられます。

眷属が多いので、しかも律儀な性質の眷属たちばかりなので、うっかり失礼なことをいうと、全員の頭のうえに「!」というビックリマークが点灯して、一斉にこちらを向きます。睨《にら》まれます。

その光景はド迫力なのですが……どこか微笑ましいです。親分であるお稲荷さんに忠実な眷属ばかりなのだな、とその忠誠心が感じられるからです。

源九郎稲荷神社の「源九郎」は、源義経《みなもとのよしつね》由来だそうです。このような由緒《ゆいしょ》は後づけが多いので、

「義経についていたというのは本当ですか？」

と、軽く聞いてみたら、眷属全員の頭上に、「！」と太めのビックリマークが現れて、一斉に睨まれました。

「こやつはっ！　ぶっ、無礼な奴っ！」

言葉に出してはいませんが、眷属全員の感情が伝わってきました。眷属の名誉のためにいっておきますと、気が短いわけではありません。お稲荷さんの名前の由来を疑うということは、その名前は源義経由来ではなく、名前を盗んだのではないのか、といっているようなものです。怒って当然なのです。親分の源九郎お稲荷さんの名誉を傷つけたことになるからです。

源九郎お稲荷さんは、頼みに来たからには無下《むげ》にはできない、といっていたので……参拝に来た義経さんを守っていたことは本当みたいです。義経さんは戦勝祈願をしに来たの

ではないかと思います。

さらに、義経さんには毘沙門天《びしやもんてん》がついていた、ということもここで教えてもらいました。毘沙門天は四天王《してんのう》のひとりなので、戦う系の仏様です。その仏様が義経さんについていたので、神様であるお稲荷さんは義経さんの運をよくするとか、神風を吹かす的な、そういう方法で義経さんをサポートしたそうです。実際の戦いの場では毘沙門天がしっかり守っていたといっていました。

私の中で毘沙門天といえば……そして、たぶん毘沙門天のお寺として一番有名なのは、奈良県の朝護孫子寺《ちようごそんしじ》です。朝護孫子寺と義経さんとは関係があったっけ？　と疑問に思いました。神様が適当なことをいうはずがないので帰宅して調べたところ、義経さんが修行をした鞍馬寺《くらまでら》のご本尊の一体が毘沙門天でした。強いご縁をいただいていたようです。

この神社は参拝を終えて鳥居を出る時に、子狐（まだ修行期間が浅いため、子狐に見える眷属たちです）が、ゾロゾロと後ろをついてきます。お見送りをしてくれるのです。鳥居を一歩出て振り返り、子狐たちにお礼をいうと、みんなゾロゾロとお社に戻っていきます。可愛いです。

この神社には眷属がたくさんいるので、多くの参拝客に来てもらわなければ、眷属たち

の修行が進みません。そこで一の眷属が私を呼んで、「本に書いて神社に参拝客が来るよう、手伝え」ということだったみたいです。

詳細は『神社仏閣 パワースポットで神さまとコンタクトしてきました』に書いていますが、一の眷属のマネジメント力のすごさと有能さを感じました。親分を思うまっすぐな忠誠心と、子分の子狐たちに修行をさせてあげたい、そのためには神社を広く知ってもらわなければいけないという、PRに一生懸命な気持ちが痛いほど伝わってきたのです。

なんだかカッコイイ……というのがこの神社の一の眷属であり、ご祭神のお稲荷さんは、おっとりとしたあたたかい神様という印象でした。

源九郎お稲荷さんのご加護

ブログに届くメッセージの中には、読み始めると同時に目の前にパーッと映像が広がって映画のように見えるものがあります。見えないものはまったく見えませんが、見える時は、「おぉ〜」というくらいしっかり見えます。これから紹介するのは神様のお姿まで見えたメッセージです。

その読者さんはレンタカーを借りて源九郎稲荷神社を訪れたそうです。ナビでは場所がわからず、心の中で「源九郎お稲荷さーん！　場所がわかりません。参拝させてください！」と必死にお願いをしたそうです。

ナビだとどうしても同じ場所をグルグルとまわってしまうため、読者さんは近くを歩いていた女性に道を尋ねました。すると、女性はとても丁寧に教えてくれて、さらに「さっきの説明でわかった？」と、わざわざ引き返して聞いてくれたそうです。

読者さんは「お稲荷さんが見つけて下さった親切な方なのだな」と感謝をし、教わった道で神社にたどり着くことができました。

しかし、源九郎稲荷神社の周辺の道路は非常に幅が狭く、駐車場はありません。普段、軽自動車を運転しているという読者さんにはレンタカーの普通車がとても大きく感じられ、車両感覚が違うせいか、神社前にあった小さなコーンで車を軽くこすったそうです。

レンタカーに傷をつけてしまったことで気が動転した読者さんは、その直後、コインパーキングに停めようと右折した際に、電柱で車を派手にこすってしまいました。「コーンを傷つけたことで、眷属を怒らせてしまったのだとすぐにわかりました。車は傷だらけ。もう悲しくて悲しくて心の中で大号泣」という感想が書かれていました。

読者さんはとりあえず参拝をして、「神様、すぐそこでレンタカーを派手にこすりました。修理費が少なくてすみますように。どうかよろしくお願いします」と必死にお願いをしたそうです。

それから警察に連絡をして、ほどなく現場検証が始まりました。電柱にぶつけたのは前方のバンパーで、後ろのバンパーにうっすらとあるのはコーンでこすった傷です。こっちはいわなくてもいいかな～、とほんの一瞬そう思ったそうですが、「こちらの傷の検証もお願いします」と正直に申告をしました。

警察の人が「え？　2回もこすったの？」と、コーンの傷をさわったら……驚くことに傷がスーッと消えたそうです。読者さんがこすった時は全然消えなかった傷です。「どうして？」と、不思議だったそうですが、「神様や眷属が、私が正直に打ち明けるのをじーっと見ていたのだと感じました」と書かれていました。

結局、レンタカーは保険が適用されて読者さんは1円も払わずにすみました。神様に祈った通りになりました、ということでした。

めでたしめでたし、という感じの終わり方ですが、読者さんはその後、神様や眷属を怒らせてしまったという後悔と悲しみの念が、雪のように心に降り積もったそうです。もう一生許してもらえないかもしれない、近所だったら許してもらえるまで、毎日のように謝罪に行けるのに、遠いためそれもできず……心の中で何度も謝罪し続けたそうです。

この方のメッセージを読み始めると同時に、その時の様子が映像としてパーッと広がりました。きっと、源九郎お稲荷さんと一の眷属が「勘違いをしている」と教えたかったのだと思います。

実はこの方は「魔の落とし穴」に転落するところを救ってもらっています。もしも、車をこすらなかったら、普通に運転して神社をあとにしていたわけです。その先には、ぽっかりと口を開けた大きな真っ黒い「魔の落とし穴」が待っていました。

この「魔」に落ちてしまうと……人身事故を起こして人を傷つけるか、ご自身が大怪我《けが》をする事故になっていたのです。それを回避するために、警察を呼んで現場検証をする、という時間の調整がされています。

最初に小さなコーンで車を軽くこすったのは、読者さんの気持ちを動転させるためです。慎重に、冷静に、ゆっくり運転していたのでは電柱で派手にこすったりしませんから、そのような方法が取られたみたいです。

コーンでこする時も電柱でこする時も、大きな事故にならないよう眷属が7～8体そばにいて守っています。これは「事故」ですが、源九郎お稲荷さんのご加護なのでありがたいことなのです。

警察の人がコーンの傷をさわって消えた時の、読者さんが驚愕する様子を、眷属たちは楽しそうにニコニコしながら見ています。ちょっぴりイタズラの要素も入っていたのですね。「魔」に落ちなくてよかったよかったと、神様も笑顔です。一の眷属は、無事に任務を遂行した、というクールなお顔ですが、でも、ホッとした様子で見ています。

このような形のご加護もあるのです。こういう場合、謝罪ではなく、いうべき言葉はお礼です。

源九郎お稲荷さんはこのように面倒見のよい神様でもあります。私に映画のような映像を見せる力がありますから、やはり相当高い神格であり、強いお稲荷さんなのです。

子狐を育ててくれた読者さん

久しぶりに行くと、やっぱりこの周辺はナビがわかりづらく、いつも停めている線路脇のコインパーキングをうっかり通り過ぎました。ぐるりとまわって戻るのは面倒だな、と思っていると、少し離れたところに別の駐車場を見つけました。たまたま空いていたので、「ラッキー」と、そこに停めました。

これが大正解でした。参拝を終えて神社を出る時に、猛烈にトイレに行きたくなったのです。限界ギリギリでしたから、急いで車に戻って急いで発進し、どこか一番近いコンビニに行ってトイレを借りなければなりません。

冷や汗タラタラで歩いていたら、なんと、駐車場の手前にトイレがあったのです！「うわぁ、すごいっ！　一の眷属のプロデュース力、相変わらず、すーごーいー！」と大絶賛しました。いや、本当に助かりました。

話をもとに戻して、境内に入ると狛狐が2体ともニコニコしながら、

「おぉ、久しぶりだな」

「元気だったか？」

と声をかけてくれました。前掛けが赤とピンクで作られたオシャレなものになってい

て、どちらもご機嫌なのです。境内には高齢の参拝者が２人いたので、手を合わせてご挨拶をしたあとは、邪魔にならないよう境内の写真を撮りました。

２人が去ってから、次の本に書かせて下さいということをお願いしました。人間の信仰心についてお聞きすると、この神社も本を読んで来てくれた人のおかげで、状態がとてもよくなっていると教えてくれました。

「読者さんが多く来てくれて、なにか変化したことはありますか？」

「見るか？」

そういうと、一の眷属が子狐たちの成長を見せてく

れました。

お社は石の台座の上に建っています。その台座の上（お社の周囲）に、ずら～っと狐姿の眷属が並んでいます。私がここに初めて来た時、子猫みたいによちよちしながら歩いていた眷属です。それが立派な眷属となって、シャンと背筋を伸ばし、ピシッと並んで座っているのです。

おぉ～、あの時の子狐がこんなに成長したのか～、と感動しました。

参拝に来てくれた人の信仰心のおかげで子狐たちがこんなに大きくなったと、一の眷属が目を細めていいます。

「その下を見よ」

石の台座の下……つまり床には、以前に見た子猫サイズの、新しい子狐たちがずら～っと並んでいます。期待に胸をふくらませているようで、どの子狐も顔が輝いています。チマチマッと並んでいる姿も可愛いです。

次の世代であるこの子狐たちを成長させなければいけないと、一の眷属がいいます。その言葉はニュアンス的に「多くの人がまた参拝に来てくれるとありがたいのだが」という感じでした。

どうして次々に眷属を育てるのか……その理由はこのあと判明しました。

子狐や眷属たちの修行が第一

「本を読んで来てくれた読者さんに、何か伝えることはありますか？」

「心から礼をいう。それを伝えてほしい」

初めてここに来た読者さんは、想像していたよりも神社が小さい……と、驚いた人もいたそうです。たしかにな〜、そうだろうな〜、と思いました。そこそこ大きな神社を想像して行くと、あれれ？　というくらい狭い敷地なのです。こんなに小さな神社だったんだ〜、という感想を持つ人が少なくないらしいです。

「それでも楽しく参拝をしてくれる」

一の眷属はニコニコです。「うわぁ、ちっちゃ……」と最初に思っても、参拝を楽しんでくれるのが、本を読んで来た読者さんの特徴だそうです。そして、誠心誠意あたたかい応援をしてくれるといいます。

「お前の読者は心根がよい」

このひとことにホロリときました。涙がじんわりとにじみます。私もどれだけ助けられたことか……。

「そうなんです。本当に心のキレイな人が多いんです」

一の眷属がうなずきます。小さな神社だからとガッカリすることなく、大きな神社と比べて低く見ることもなく、応援する気持ち全開で手を合わせてくれるそうです。読者さんがいい人ばかりという話題で、しばらく一の眷属と語り合いました。

その話の最後に、もうちょっと参拝者が増えてくれればありがたく思うのだが……みたいなことをつけ加えます。謙虚なお願いの仕方でした。

たまたまこの少し前に取材で訪れた、茨城県にある「笠間《かさま》稲荷《いなり》神社」のお稲荷さんも参拝者を増やす工夫をしていました。

「あの、それって、笠間お稲荷さんみたいに、ご祭神のお稲荷さんや一の眷属さんがバンバン仕事をして、願掛けを叶えまくったら、源九郎稲荷は願いが全部叶う！　霊験《れいげん》あらたか！　ということで、参拝客がどんどん来るようになるんじゃないですか？」

「願いを叶える仕事のほとんどは……子狐やまだ経験が浅い眷属たちにやらせている」

なるほど、ここはそういう方針なんだ〜と、その先を聞くと、修行が浅い眷属たちはまだまだ願掛け仕事がうまいとはいえなくて、力不足なところがあったりするといいます。

バッチリうまく叶えられる眷属もいれば、完璧とはいえない形で叶える眷属、時間を多めに要する眷属もいるそうです。

「参拝客が多くなるまで、経験の浅い眷属や子狐にはちょっと休んでもらって、お稲荷さんや一の眷属さんが手当たり次第ガンガン叶えるのはどうでしょう？」

この提案に一の眷属は、静かに首を横に振ります。

「子狐や、修行が浅い眷属たちに力をつけることが優先だ」

願いを叶える力をつけてやらねばならぬ、だから手出しをせず指導している、と説明が続きます。どうしてそこまでして、多くの眷属を育てる必要があるのだろう？　と思ったので、ストレートに聞いてみました。

「たくさんの子狐……眷属を育てるのはなぜですか？」

「派遣している」

「は？」

理解ができないので、思考が停止しました。えっと？　それは？　どういう意味？　頭の中がハテナマークだらけです。黙って一の眷属を見つめていたら、丁寧に教えてくれました。

眷属を派遣するシステムが必要な理由

日本全国には稲荷社がたくさんあります。神社だけでも相当な数ですが、他の神社内にある境内社の稲荷も含めると膨大な数になります。ほとんどの神社の境内には稲荷社があるからです。

さらに、神社にはなっていない、境内社でもないという、独立した小さなお社・小さな祠《ほこら》のお稲荷さんも数えきれないほど存在しています。都会だったら小さくてもそこそこしっかりしたお社が多いのですが、地方の田舎に行くとビックリするくらい小型で簡素なお社があったりします。

大小さまざまな稲荷社が全国に存在しています。大きな神社、歴史ある古い神社、現在栄えている神社、過去に栄えていた神社にはたくさんの眷属がいます。しかし、眷属がいない神社、境内社、お社、祠の稲荷社もあるわけです。

そこに眷属を派遣しているというのです。

「へぇぇぇぇぇー！」

そういうシステムなんだ！　と驚きました。

規模の小さいところや、できたばかりの神社や境内社に、自然界にいる自然霊のお稲荷さんが「眷属」として入ることは、まずないそうです。

というのは、ご祭神になっているお稲荷さんが弱かったり、ついこないだまで眷属だった……それも小さなお稲荷さんの眷属だったりするからです。そのお稲荷さんの下になって働こうという、自然霊のお稲荷さんはいないのです。

眷属を必要とする神社に、大きな稲荷神社から眷属を送ることもあるらしいのですが、それはある程度規模が大きなところに限られます。小さな神社や境内社は対象ではありません。

しかし、たとえ祀られたばかりのお稲荷さんでも、参拝者が少ない小さなお稲荷さんでも「頑張ろう！」とやる気満々です。人間のためにしっかり働こうと思っているのです。

そのようなお稲荷さんや、眷属の増員が必要な神社（その神社で調達ができない場合）に、眷属を送り込むそうです。といっても、育てるのに時間がかかりますから、多くの眷属を一度に……というわけにはいかないそうです。

「あの……それって、伏見稲荷大社がすることではないのですか？」

伏見稲荷大社は全国の稲荷社の総本宮で、見えない世界でもそうです。年に一度、全国からお稲荷さんが会議のために伏見稲荷へ行っています。そしてこの神社には、それはもう想像の域をはるかに超えた数の眷属がいるのです。仕事がまわってこないため、自主的に修行に出るという眷属がいるくらい大所帯です。

一の眷属の説明によると、伏見稲荷にいる眷属たちは、伏見稲荷だったら眷属になる、けれど、お社がひとつだけポツンとあるような、小さな稲荷社の眷属になるつもりはない、と考えているそうです。

ご祭神の神格が自分より下であるパターンが多いことと、参拝者がひとりも来ない日があったりするので、そのようなところの眷属になるのはイヤだ、と行かないのです。

神格の高い大きな神様の下だから、参拝者が多く来る神社だから、格の高い稲荷総本宮の伏見稲荷だから頑張るのであって、そのような格下の神社や境内社はごめんだというわけです。

「そういうところに、修行として行くことはないのですか？　ずっとそこで眷属をするのではなく、修行として数年籍をおくとか？」

お稲荷さんが自主的な修行をする条件は、「一匹狼で自由に動く」だそうです。それで力を大きくし、神格を高めて、もといた神社に帰ります。派遣されてどこかの稲荷社に眷属として行けば、そこのお稲荷さんの部下です。あの伏見稲荷を出て、小さな規模のお稲荷さんの「下」になって働く眷属は……いない、とのことでした。

ですから、小さな規模の稲荷社に伏見稲荷からは1体も行かないそうです。本人の意思が尊重されるため、いくら伏見のお稲荷さんでも眷属に「行け」とはいえないし、無理やり行かせることもないのです。

なるほど〜、と納得しました。たしかに私が伏見稲荷の眷属だったら、そこそこの規模の神社でも行かないと思います。だって、せっかく、あの！　伏見稲荷にいるのですから、伏見稲荷の眷属である！　という誇りを持っていそうです。

「眷属が必要なところはたくさんあるのだが」

一の眷属がポソッとつぶやいていました。

源九郎稲荷神社の役目

源九郎お稲荷さんはものすごく古いです。源義経公の時代よりも、もっと前から神様として存在しています。もしかしたら飛鳥時代とか、そのへんの時代からかもしれませんし、それよりももっと前からかもしれません。奈良にいる古いお稲荷さんなので、大昔からいる可能性は高いです。

現在の源九郎稲荷神社がある場所に遷座される前は、かなり大きな敷地の神社だったのではないか？　と思っています。最初の参拝で、源九郎お稲荷さんは伏見のお稲荷さん（どちらもご祭神のことです）クラスまであと少しのところの神格、透明な神様になるレベルに近いところにいる、ということはわかりました。

そこまで進化しているということは、伏見のお稲荷さんのように長い時間をかけて修行を積んでいるということです。古くから人々に厚く信仰もされてきています。諸々の事情で今は小さな神社に鎮座していますが、本来は伏見のお稲荷さんに近いクラスなのです。

ついでにいえば、この神社は敷地が狭いので、神様（お稲荷さん）の世界も狭いように思うかもしれませんが、そうではありません。神様世界の空間は大きな神社並みなのです。

けれど、実物の神社は小さいです。そこがポイントです。つまり……源九郎稲荷だったら神社が小さいので、ここからどこに派遣されても、派遣された眷属はそこまでの違和感がないわけです。伏見稲荷だったら神社の規模が大きく、社殿も立派です。稲荷山が後方

にあってにぎやかですし、稲荷の総本宮でもあるため、そこから小さな神社に行くのはイヤだ、ここがいい、となります。

ということで、源九郎稲荷なら、派遣をされても行った先で頑張って働く眷属を育てることができる、というわけです。

一の眷属を応援したい

派遣する眷属を育てているから、ここの一の眷属は厳しかったのです。どこに派遣しても一生懸命働くように、清く正しいお稲荷さんになるように、ダラダラして野狐《やこ》に落ちぶれたりしないように、子狐たちをピシッと育てなければなりません。送った先の一の眷属が厳しいかもしれないので、それに対応できるように、という考えもあるようです。

子狐たちは自分が育ったこの稲荷神社から、小さな稲荷社に「眷属」として行くわけです。そのことを不満に思わないよう育ててあげるのです。教育係はかなり難しいお仕事のように思いました。ここの一の眷属は立派にそれをやっています。といいますか、この眷属にしかできないのでは？　と思いました。

子狐たちはみんなよい性質に育っています。そのように育てている、ということですが、参拝してくれる読者さんのおかげもあるそうです。読者さんが帰る時に手を振ってくれたりすると、その愛情をもらうため、さらに優しくなるそうです。

性質も大事ですが、力もある程度つけてやらないと本人が困るので、そこもしっかり身につくように願掛けの仕事をさせているのでした。

こうして一人前に育てて……派遣しています。

本を読んで来てくれた参拝者がいい人ばかりだったから、子狐をほんわかとした性質に育てる大きな助けになった、といっていました。かなりの影響を与えたらしいです。

「礼をいっておいてくれ」

そして、私にも「礼をいう」と、一の眷属が頭を下げてくれました。

源九郎お稲荷さんはもしかしたら、大昔、伏見のお稲荷さんの一の眷属だったのかもしれません。右腕だったのかも？　と思います。お稲荷さん世界の発展のために、尽力する立場のようだからです。

本に書いて神社を宣伝するように私に働きかけたのは、子分である子狐たちに修行をさせてあげたいから、ということは最初に聞きました。その時はただ単に、子狐を立派にしたいからだろう、としか思いませんでしたが……このような深い事情があったのです。

ますますこの一の眷属に惹《ひ》かれましたし、この神社は重要な役目を担ったお稲荷さんなのだと知りました。お近くにお住まいで、子狐を育てるお手伝いをしてもいいと思われた方は、時々参拝をすると喜んでもらえます。

後醍醐天皇《ごだいご》

〈『「山の神様」からこっそりうかがった「幸運」を呼び込むツボ』宝島社（２０１７年刊）で紹介〉

後醍醐天皇の「気」が漂う吉野神宮《よしのじんぐう》

初めて吉野神宮（奈良県吉野郡吉野町）に行った時のことです。何気なく鳥居をくぐった瞬間に「後醍醐天皇！」という文字が目の前に現れるくらい、強烈な自己主張を感じました。境内の「気」がそのまま後醍醐天皇の色なのです。

下調べをしていなくて、神社の名前からして吉野山の神様がいるのだろうと思っていた私は、「ここのご祭神って後醍醐天皇なん？」と思いました。「気」が力強く名乗るのです。そんな珍しい神社はここだけです。

拝殿《はいでん》に行くと、修験者《しゅげんじゃ》が数名で勤行《ごんぎょう》をしていました。ありがたいな〜、と般若心経《はんにゃしんぎょう》を拝聴していたら、後醍醐天皇本人が本殿の右側からてくてくと歩いて出てきたのです。

その雰囲気が偉そうで……いや、偉くていらっしゃるので当然といえば当然ですが、

「ウザいけど出ていったろか、あー、めんどクサー」みたいな感じに見えました。ここまで正直に書くとご本人に叱られるだろうとは思ったのですが、そのまま本に書きました。この時は時間がなく人も多かったため、お姿を見るだけで終わりました。

再度参拝に訪れたのは、それからずいぶんたってからです。修験者が勤行をしたら出てきた後醍醐天皇ですが、私ひとりだと思いっきりスルーして、まったく出てきてくれません。

そこで、私が前世で南朝のために頑張った話をすると、しぶしぶ出てきてくれて、ひとこと「ようやった」という言葉をかけ、スッと姿を消しました。その後は「はよ帰ってくれ」という態度でした。

どうしてそのように拒否をするのかと思ったら、後醍醐天皇は神様になっていなかったのです。お前は見えるから、という理由で避けていたのでした。

「修行がつろうてのー」

後醍醐天皇はつらい修行が苦手な様子でした。そこで、私の祖母も修行が合わず神様修行を途中でやめた話をすると、「ホホホホホホ」と、楽しそうに笑い転げていました。

神戸にある「湊川《みなとがわ》神社」のご祭神である楠木正成《くすのきまさしげ》さんは、後醍醐天皇に仕えていた家来です。その家来だった人が先に神様になっていることを伝えると、負けん気を出して頑張られるかもしれない、と思った私は、そのことを口にしてみました。

「楠木正成さんはすでに神様になられていますよ」と。

そのひとことで後醍醐天皇は無言になり、私に背を向けて、本殿のほうへと戻って行きました。後ろ手に手を組んでいるそのポーズが「しょんぼり」という寂しそうな雰囲気だったので、

「頑張って下さい！　応援しています！　また来ます！」

と、声をかけると、こちらを振り向くことなく手だけ振っていました。

後醍醐天皇、私にバイバイしてくれてるんだ〜、とウルウルしましたが、「ん？」と、よ〜〜〜く見たらそれはバイバイではなく「シッシッ」とハエなどを追う仕草でした。うるさい、はよ帰れ、ってことだったのです（笑）。

はよ帰れ、といわれたにもかかわらず、それから後醍醐天皇陵にも行ってみました。そこは陵といってもいいのか？　というくらい「せまっ！」「くらっ！」という場所でした。

本人もここにはいたくないようで、いつも神社のほうにいるそうです（はよ帰れといったのに、またここで出てきてくれました）。この場所は陰気臭くてイヤなのだそうです。

後醍醐天皇はいいとこのおぼっちゃんが、そのまま大人になったような人物でした。高貴な生まれ独特の純粋さ、素直さをお持ちです。つらいことはイヤ、陰気臭いのも嫌い、虫も嫌い、というところもなんだか可愛らしい感じがしました。

この方は、人が仕えたくなるような、人を惹きつける魅力を持っていました。

後醍醐天皇を応援しようと思われた方は、ご本人がいる吉野神宮へ行かれるといいです。応援の信仰心をたくさんもらうと、つらい修行も頑張ろうと思われるかもしれません。口とはうらはらに参拝を意外と喜んで下さるように思います。と、このように本に書いたのが4年前でした。

忠誠心の厚い後醍醐天皇の家来

島根県に行った時のお話です。

須我《すが》神社に参拝しました。ここは境内の端から山に登れる道があり、そこを登っていくと「社日《しやにち》神社」「御祖《みおや》神社」という2つのお社があります。2社の写真を撮っていたら、グイグイと力強く引っ張られる感じがしました。

「はて？」

誰だろう？　何かあるのかな？　と、引っ張るほうへ行ってみると、立て看板があり、「義綱《よしつな》神社」と書かれています。人名です。この地域で活躍した武将が祀《まつ》られているのだな、と思いました。

この時は、他のテーマであちこちを取材していたため、「武将は時代が違うわ〜」ということで「行かなくてもいいか」と、須我神社への道に戻ろうとしました。すると、

「おーーーーい！」

と、声が聞こえます。

「おぉぉーーーーーーい！」

派手に私を呼ぶのです。

「なんですかぁーーーー？」

距離があったので、私も叫び返しました。

「来てくれぬか～～～～？」

義綱さんでしょうか、さすがにこれはスルーするわけにはいかず……行ってみました。坂道を下った向こーーーーうのほうに小さなお社が見えました。雪が残っている季節で、ザクザクとやや沈みながら歩くと、スニーカーが思いっきり濡《ぬ》れました。

小さなお社と鳥居があって、そこには「南朝忠臣菅孫三郎義綱公御社《すがまごさぶろうよしつなこう》」と書かれています。お社は比較的新しいです。しかし……名前を見てもそれが誰なのか、サッパリわかりません。

「あの、すみません、お名前を存じ上げないのですが……」

「祝詞《のりと》」

「え？　ああ、はいはい」

というわけで、祝詞を大きく声に出して唱えると、

「すがすがしいのぉぉ～～～」

と、いいます。非常にさっぱりした感じで微笑んでいたので、私のほうも嬉しくなりました。

「祝詞はすがすがしいのですか？」

「そういう気持ちになる」

もとが人間の神様ですから、祝詞に癒やされるようです。

「こんな山奥におひとりで……誰も来なかったら寂しいですね」

「うむ。墓だったらいいがの……」

「ああ、そうですね。お墓だったら、ずっとここにいなくていいですものね」

「うむ」

「祀られたら、その場所にずっといなければいけないのがつらいですね〜」

神様がいうには、ここにいなければいけないこと自体はそんなにつらくないそうです。

誰も参拝に来ない……というところが、寂しいようでした。

「南朝の忠臣って……勉強不足で、楠木正成さんしか知らないんですよ〜」

「楠木殿を知っておるのかぁっっっ！」

え！　そんなに驚く？　というくらい、義綱さんは驚いていました（神様ですが、義綱さんと呼ばせていただきます）。

「ええ、知っています。神戸で神様になっておられます」

「そうかぁぁっっっ！」

ガッツポーズをしそうなくらい興奮しています。そこで正成さんのことを詳しくお伝えしました。義綱さんは嬉しそうに、ワクワクした感じで聞いていました。

「あ、南朝というと……私、後醍醐天皇にもお会いしていますよ」

こういうと、義綱さんは「！」と、言葉にならないほど驚愕しており、しばらくかたまっていました。

「神に！　神になっておられるのかっっっ！」

「あ、いえ……それが……」

と、今度は後醍醐天皇の状態について説明をしました。義綱さんは、

「おいたわしや……………………………」

と、語尾が消え入るような感じで半泣きです。そして、吉野に行った時はよろしく頼む、と私に頭を何回も下げるのです。昔の人の忠誠心はすごいなぁ、と思いました。神様になった今でも、心の底から後醍醐天皇を大切に思っているようです。

長話をして「そろそろ帰ります」というと、義綱さんは立て看板のところまで送ってくれました。そこでお別れとなり、お互い歩き始めたのですが、義綱さんは神様なのに、何回も何回も振り返って、私にお辞儀をするのです。きっと、後醍醐天皇のことを心から心配しているのだと思います。

「義綱さーん！　現代人はお別れをする時は、こうしてバイバイってするんですよ〜」と、教えてあげたらバイバイをしていました。生前は性格のよいお方だったみたいです。正成さんや後醍醐天皇の話ばかりで、義綱さん自身のことを聞くのを忘れましたが、『太平記』に出てくる「義綱」さんだったのかもしれません。

2020年の吉野神宮

駐車場は大鳥居（二の鳥居）の近くです。到着したのがちょうどお昼だったため、あらかじめコンビニで買っておいたサンドイッチとサラダを車内で食べました。サンドイッチをもぐもぐと食べていたら、視線を感じます。

ん？　と、横の窓ガラスを見たら、そこに後醍醐天皇が立っていました！　不意打ちの登場にビックリ仰天《ぎょうてん》です！　サンドイッチが喉に詰まりそうになって、窒息するかと思いました。

後醍醐天皇は白い装束で笏《しゃく》を持ち、じーっと私を見つめています。それから窓ガラスをコンコンと叩く仕草をしました。「はよ、来い」という合図です。

「えーっ！　すみません、私、今、食事中なんですけど……」

そういうと、スーッといなくなりました。以前にお会いした時は青っぽい紺色の直衣《のうし》を着ていましたが、今回は白い装束だったので、あれ？　神様修行をしてるのかな？　とここで思いました。

昼食を終えて、二の鳥居から境内に入りました。ここの狛犬《こまいぬ》がもう本当に「後醍醐天皇の狛犬だな～」という感じです。「あ」のほうは、うがーっ！　がらがらがらーっ！　と派手にうがいをしているように見えるのですが、胸を張って上を向いています（下を向いていません）。「うん」のほうも、「ワシ、感動して泣きそうやねん……」という顔に見えますが、下を向いていないのです。

つまり、どちらも頭を下げていないどころか、アゴを上げて上向きなのです。後醍醐天皇のために作った狛犬だよなぁと思います。吉野神宮はもうすでにここから参拝が楽しいです。

神門をくぐると「うわあっ！」と声が出るほど、ご神気がスカーッと空間に広がっていました。前回は後醍醐天皇の「気」はありましたが、ご神気ではなかったのです。当時は神様修行をしていなかったからです。ひゃ〜、ご神気がぶわ〜っと広がってるやん、と思いつつ歩きました。

この神社は手を合わせるところのすぐ左手に授与所があるので、緊張します。見られてはいないだろうと思っても……ドキドキして、早めに切り上げなくては！と気が急いてしまうのです（涙）。変に焦ってしまうため、とりあえず祝詞だけを唱えました。

一応ご挨拶はしたし……ということで、せっかくなのでおふだかお守りを買おうと、その周辺をいろいろと見ました。ここは拝殿（一般的な社殿ではなく神門のようになっています）の中のあちこちに授与品が置かれているのです。

お賽銭箱《さいせん》の横には土鈴のサンプルがあり、手前に福助っぽいお付きの人みたいなデザインの人形が2種類、その後ろに3種類の人形が置かれています。後方の真ん中はどう見ても後醍醐天皇という貴人で、左は随身《ずいじん》、右はお姫様です。

ふ〜ん、と見ただけで違うものに目を移したら、

「それは縁起物だ。買え」

突然、後醍醐天皇が声をかけてきました。

「えっ！　これ⁉　これが縁起物ですか？　いや、そうは見えないんですけど……」

「縁起物である。買え！」

「………」

テトラポットみたいな容器に入っている清め塩が可愛いかったのでそれと、茅《ち》の輪《わ》くぐりの小さなお守り、うさぎのおみくじを買うことにしました。授与所のところで、土鈴をもう一回しっかり見ようとサンプルを探しましたが、窓口の近くにはありません。

もしかして現物を買うのかな？　と、もう一度、お賽銭箱の横に置いてあった現物を見に行きました。現物は展示してから長いのか、顔がヒビ割れています。

「後醍醐天皇さま、これ縁起物じゃありませんよ〜。私、この土鈴はいらないです」

買う気がないことをハッキリと伝えました。

「何をいうか、縁起物だ。買え」

「買っておけ」

「買え〜！」

あー、うるさいっ！

失礼ながら、そう思いました。仕方がないので授与所の人に尋ねました。

「土鈴って現物しかないのでしょうか？」

「どの人形？」

「中心に置かれている、後醍醐天皇らしき人形です」

授与所の人は立ち上がって、ロッカーのようなところから、新品で箱入りの人形を出してくれました。せっかく出してもらったので、ありがたく購入しました。

後醍醐天皇の変化

それから拝殿のそばにあるベンチに座りました。この日は最高にお天気がよく、青空を見ながら深呼吸をすると、心地よいリラックス感に包まれます。秋晴れの美しい空を見上げ、ああ、キレイだなぁ、となごんでいると、

「写真に撮れ」

後醍醐天皇がまたしても声をかけてきます。人がこんなにリラックスして、秋空をエンジョイしている最中に……（笑）。この天皇は本当に純粋というか、悪気なく自分の意見をいうのです。それがおかしくて、ウププと笑っていると、

「写真に撮っておけよ」

と、重ねていうので、「はいはい」と写真を撮りました。

後醍醐天皇が神様修行を始めたからでしょうか、なんだか神社の格が上がっています。

けれど、参拝者は少ないです。もったいないな～、と思っていると、

「お前が神になっていないと書いたから、参拝者が少ないのぅ……」

後醍醐天皇が珍しく冗談をいって、ホホホと笑います。

「私のせいではない……と思いますけど～（汗）」

冷や汗をかきつつそういうと、後醍醐天皇は上品にほろほろと笑っていました。笑顔が好印象で、生前は多くの人に愛されたのだろうとしみじみ思いました。

「白い服を着ておられるということは、神様修行を始められたのですね？」

「うむ」

「後醍醐天皇さまの家来だった人がここに来られたりします？」

「来る」

「ナンチャラ義綱さんも来ました？」

「来た」

義綱さん、やっぱり心配で来たんだな～、と嬉しくなりました。すごくいい人だったので、私の話を聞いたあとでさっそく出かけたのでは？　と思っていたのです。

「義綱さんは神様になっておられたでしょう？」

「う……む……」

「でも、後醍醐天皇さまに差し出がましいことは何もいわなかったんじゃないですか？」

後醍醐天皇が神様になる修行をしていないということを、私から聞いて義綱さんは知っています。けれど、その件について、本人には絶対に何も意見していないだろうと思ったのです。

「何も……いわず……だ……」

後醍醐天皇の顔が複雑な表情になっていました。特徴のあるハの字の眉毛をますますハの字にして、困っているような顔にも見えます。

「楠木正成さんも来ますか？」

「来る……」

ここで年配の夫婦っぽい２人が参拝に来ました。すると後醍醐天皇は、

「お前はここで待っておれ」

といい、しゅ～っと本殿に戻っていきました。

「待っておれ！　帰るなよ！」

「はーい」

後醍醐天皇は神様修行を一生懸命に頑張っています。参拝者が来たから本殿に戻って話を聞かねば！　という、やる気が伝わってくるのです。以前のように、のんびり好きなように過ごす……というところから１８０度変わっていました。

けなげに頑張る後醍醐天皇

年配の夫婦が授与所で何かを買い、参拝を終えて神門を出たら、また私のそばにしゅ～っと来てくれました。そこで、さきほどの話の続きです。

「楠木正成さんは時々来はるんですね？」

「う……む……」

やっぱりなんともいえない顔をしています。

「楠木正成さんも何もいわないでしょう？」

「何もいわぬ……」

神様になられてはどうですかとか、修行をなさってはいかがですかとか、誰も何も進言しないそうです。そりゃ、そうだろう、天皇だったお方だからなー、というのは私の意見です。

後醍醐天皇によると、楠木正成さんは大きくて立派な神様になっているため、ものすごく「きらびやか」な笑顔をしているそうです。ニコニコニコニコしているらしいです。

「正成さんは何をしに来ていらっしゃるんですか？」

ご機嫌《きげん》伺いだそうです。お元気でおられますか？　みたいな感じで様子を見に来て……ただ、ニコニコニコニコしているらしいです。その笑顔がものすごくきらびやかだと重ねていいます。神格の高い神様になっておられるので、そのように見えるのでしょう。

そこで後醍醐天皇が真面目な顔で、こういいました。

「きらびやかさでは、私のほうが上でなければならぬ」

あっはっはー！　と、本気で大笑いしました。後醍醐天皇には悪いのですが……。

楠木正成さんは臣下だし、自分のほうが身分が上、というか、天皇だったので、そう思うのでしょうが……庶民の私には微笑ましく映りました。臣下のほうが素敵な笑顔で輝いているのが、納得いかないようです。

「わかります！　だって、あの！　後醍醐天皇ですもの」

「うむ」

正成さんにきらびやかな笑顔でニコニコされるのが、なんともいえない気持ちらしく、それで神様になろうと思ったそうです。いいですね～。その動機が後醍醐天皇らしくて好きだな～、と思いました。本当に少年のように心がまっすぐなお方なのです。

そこでまた新たに参拝者が来ました。後醍醐天皇は慌《あわ》てて本殿のほうにしゅ～っと戻っていきます。参拝に来た人の話や願掛けをすべてしっかりと聞いていて、正面からその参拝者をちゃんと見ています。努力を惜しまず頑張っておられるのです。

応援参拝で願掛けも叶う

参拝者が神門を出ていくと、また私のそばに来てくれました。

「神様修行に入られてよかったです〜。心配していたんですよ〜」

せっかく大きな神社を建ててもらって、そこに祀られ、お人柄も楽しく魅力的なのに、神様修行をしないのはもったいない……と思っていたので、そういう言葉が口からポンと出ました。

すると、後醍醐天皇は「？」という顔をして、真ん丸の目で私をじっと見ると、

「なぜ、お前が私のことを心配するのか？」

と、首をかしげて、不思議そうに聞きます。

たしかに！　と思いつつ苦笑しました。私は臣下でもないし、親族でもないし、生前の後醍醐天皇との関わりはないのです。いわれてみればそうだよな〜、と自分でもおかしくなりました。

「有名な後醍醐天皇ですから、そりゃ、やっぱり、心配になりますよ〜」

社交辞令的な発言ですが、後醍醐天皇は「へぇ〜、そうか、そういうものか」と納得し

た様子でした。

純粋さが半端ないです。生まれがいいからかな？　と思いますが、もともと心が澄んでいるお方なのでしょう。胸にいちもつあるような人物ではありません。本当に万人を惹きつける魅力があるのです。

神様になられたら、すごいんじゃないかと思いました。こちらの話し方によっては「おぉ、そうか、わかった、ではその願掛けを叶えよう」と即座にいってくれる神様になりそうです。別のいい方をすれば、説得しやすい神様でしょうか。

これから参拝者が増えてどんどん修行が進めば、やる気満々で一生懸命ですから、早めに神様になられるかもしれません。

神門を出たところで空を見たら、龍が吉野神宮を観察しながら泳いでいました。どこかの神

様が龍を使って様子を見ているようです。期待をされているという部分もあるみたいです。

後醍醐天皇との会話は楽しいので、またお会いしたい！　と心から思います。後醍醐天皇が人間だった時に会ってみたかったな〜、ということも思いました。

神様修行中ですから、応援の参拝は後醍醐天皇のパワーアップにつながります。頑張っておられるので、願掛けも叶う率が高いです。興味がある方は一度行かれてみて下さい。

豊臣秀吉公《とよとみひでよし》

〈『運玉』東邦出版（２０１５年刊）『神様、福運を招くコツはありますか？』幻冬舎（２０１６年刊）『運玉』幻冬舎文庫（２０１９年刊）で紹介〉

『運玉』に書いた豊国廟の話

秀吉さんのお話を最初に書いたのは、２０１５年に発売した『運玉』という本ですが、初めて豊国廟に行ったのはその２年前、２０１３年でした。豊国廟は京都市にあります。智積院《ちしゃくいん》と妙法院《みょうほういん》の間の道（女坂）を行った先の、阿弥陀ヶ峰《あみだみね》という小山の頂上に五輪塔が立てられています。

当時「運」についてあれこれ考えていた私は、日本で一番運がよかった人物なのでは？と誰もが思う豊臣秀吉さんにお話を聞きに行ったのです。

そこで運玉を育てるという秘策を聞き、そこから自分の運玉を育て始めました。おまじないのようなその秘策は本当に効果がありました。育て始めた２０１３年の私はまだ本を出していませんでしたし……といいますか、書籍化のお話すらなく、介護のお仕事をしながらブログを書いていました。

それが運玉を育て始めると、徐々に運がよくなっていって……2014年に最初の本が発売され、その後、別の出版社さんからもお声がかかるようになって、その効果に目を見張りました。こんなに素晴らしい方法を私だけが独り占めしていいのだろうか？　ということで、4冊目の本となる『運玉』に、秀吉さんについて知っていることをすべて書こうと思ったのです。


2015年にふたたび豊国廟を訪れたのは本に書く許可をもらうためでした。

2013年に訪れた時は歓迎されているとはいえない印象でした。秀吉さんが淡々と話すのを聞いただけという感じだったのです。

2回目のこの時は、写真を撮りまくっていたら「まだか？」と秀吉さんのほうから声をかけてきたので驚きました。ひとりでいるのが寂しいようで、話をしたかったみたいです。

秀吉さんは天下人《てんかびと》となったあとで着ていた豪華絢爛《けんらん》な着物ではなく、長浜《ながはま》城を築いた頃に着ていた、どちらかというと粗末な服を着ていました。豊臣秀吉という人物には派手なイメージがありますが、過去に犯してしまった自分の過ちを深く反省しており、まったく正反対の人がそこにいました。

すごい人生を送った人なのに覇気《はき》がないのはなぜ？　というのが謎でした。２０１３年の時もそう思ったのです。

この時知ったのは、秀吉さんは次元の空間に取り残されている、ということでした。神様になれない、仏の道にも進めない、でも幽霊ではない、という中途半端な存在だったのです。

その理由は、秀吉さんが祀られた神社が徳川家康公《とくがわいえやす》によって破壊され、そのまま３００年も放置されたからです。秀吉さんは生前に、ある神様になれるよう用意周到に準備をしていました。けれど死んだあとで、別の神様として祀られてしまったのです。

そのため、ある神様になるようにかけられていた術が逆に弊害となりました。それで次元の隙間に落ちてしまって、どうしようもできない状態だったのです。ちなみに、この術を解ける人は現代にはいないそうです。

という、ここまでが単行本の『運玉』に書いたお話です。

続々と寄せられたサポート

本の発売と同時にたくさんのお手紙とメッセージが届きました。「秀吉さんを救う方法はありませんか?」「私にできることはありませんか?」という内容です。多くの方が見捨てておけないと思ったようで、サポートする方法を質問してこられたのです。

しかし、当時の私は信仰心にパワーがあることを知りませんから（秀吉さんも知りませんでした）、読者さんにできることは残念ながら何もないと思っていました。ひとりぼっちでいる秀吉さんがかわいそうだったので、励ましに行って下さい、たくさんお話をしてあげて下さい、みたいなことをブログに書きました。

すると、今度は「豊国廟に行ってきました!」「秀吉さんに会ってきました!」という膨大な数のお手紙やメッセージが届いたのです。

これには本当に驚きましたし、感動しました。それも皆さん、お土産《みやげ》を持って行かれるのです。秀吉さんに食べてもらおう、秀吉さんと一緒に食べようと、お菓子やお弁当、ビールなど、それはもうさまざまなものを持って行かれたようです。

ああ、よかった、秀吉さんが寂しいと思うことはもうないだろう、とお手紙やメッセージを読むたびにそう思っていました。読者さんの秀吉さんを思う気持ちはなんてあたたかくて大きいのだろうということも思いました。

『運玉』の発売から10カ月が経過した頃、３度目の参拝をしました。２０１６年のことです。前回の訪問から、たった10カ月しかたっていないのに、豊国廟の「気」がとても明るくなっていました。陽気に弾けたような明るさ、という表現がピッタリになっていたのです。

秀吉さんご本人もよい状態になっていて、波動も上がっていましたし、なんと！　内側から光を発していました。短期間でこの変化！　と信仰心のパワーをここで認識しました。

以前は次元の隙間にいて四方八方が暗く、周囲がそびえ立つ壁のような狭い空間にいた秀吉さんの状況が、飛躍的に好転していたのです。その変化が嬉しくて、そして応援に行って下さった読者さんにその効果をお伝えしたくて、『神様、福運を招くコツはありますか？』という本にこの時のことを書きました。

4度目の参拝

それからも時々、豊国廟に行ってきましたよ～、というお手紙やメッセージをもらっていたので、秀吉さんはますますよい状態になっているだろうな～、どんな感じで過ごしていらっしゃるのかな？ と思っていました。なかなか訪れる機会がなかったのですが、ありがたいことに2018年に『運玉』の文庫化が決定したのです。

もちろん秀吉さんに報告しなければなりません。読者さんにも秀吉さんがどのように過ごされているのか、こちらもお伝えしなければいけないので、京都まで行ってきました。

2年ぶりの参拝です。

読者さんが持参してくれた美味しいものを食べて、お話もたくさん聞いて、日々楽しんでおられるのだろうな、暗い場所にひとりぼっちだった状態から脱出できてよかったな～と思いつつ行ったら……なんと、秀吉さんは神様修行の装束を身につけていました。

ついに神様修行に入ることができたのです！ これは尋常ではない早さです。

私は豊国廟で大号泣しました（秀吉さん以外誰もいませんでしたし）。読者さんのあたたかい思いやりが琴線《きんせん》に触れたのです。運玉を磨くとか、豊臣秀吉さんと会話をしたとか、そんな突飛な話を読んでも見下したりせず、胡散臭《うさん》いとも思わず、京都まで応援に行ってくれた読者さん……そのピュアな優しさが秀吉さんを救ったことに感動しました。

実は、次元の隙間に落ちている位置から、神様修行に入るのは到底無理なのでは？　というのが、秀吉さんと私の考えでした。想像を絶するその難易度の高さに、秀吉さん自身もなかば諦めていたのです。

秀吉さんの力だけでは絶対に……何をどう頑張っても無理であり、神仏でさえも力を貸す方法がないという状況でした。

しかし、多くの読者さんが豊国廟に行って秀吉さんを心から応援して下さったことで、その信仰心が巨大なパワーとなって、秀吉さんを引っ張り上げてくれたのです。

秀吉さんは、来てくれた読者さんに恩返しをしたいということで、真摯《しんし》に努力をしています。次元の隙間にいたことを思えば、神様修行に入れたのは奇跡です。ご本人もそれがわかっているので、努力は惜しまないようです。

ここまでが文庫版の『運玉』に書いた秀吉さんの近況でした。

豊臣家墓所での出来事

さて、話は変わりまして、２０２０年の秋、高野山に行きました。清高お稲荷さんにお会いするための１泊２日の高野山滞在だったのですが、奥之院にも２日続けて行きました。

奥之院の近くには、豊臣家の墓所があります。初日のお昼は奥之院への参道にそこそこ人がいて、豊臣家墓所もやや混雑していました。なので、そのまま通過しました。豊臣家墓所は、参道から石段を上るようになっています。他の武将の墓所よりも敷地が広く、柵の向こうに供養塔が並んでいます。

高野山霊宝館《れいほうかん》のサイトによると、秀吉さんの母親や淀《よど》君など一族が祀られている、ということですが、私はここで秀吉さんの弟さんとお母様にお会いしたことがあります。２０１６年のことです。その時のことを先にお伝えします。

弟さんは秀吉さんがどのような状態でいるのか、とても心配されており、詳細を私に聞きたかったようです。しかし、大変控えめなお方なので強引に呼ぶことはなく、私が豊臣家墓所の前を通るたびにお辞儀をしているだけでした。

何回かそのお姿を見たので、ああ、これはお話をして差し上げなければ……と思い、豊臣家墓所の石段を上がりました。

空海《くうかい》さんは、秀吉さんのことを心から案じている弟さんの心労を取り除いてあげたかったのだと思います。それで私が秀吉さんと会っていることを教えたみたいでした。

秀吉さんについて知っていることは、すべてできるだけ細かくお伝えしました。読者さんの応援が秀吉さんを一気に押し上げたことも、このままいけば神様修行に入れそうだ、と秀吉さん本人がいっていたことも、しっかりお話ししました（弟さんに会ったのは秀吉さんが神様修行に入る前です）。

「神様になられたら、ここにも自由に来ることができます。もう少しの辛抱です。秀吉さんはきっと素晴らしい神様になって、皆様に

会いに来られると思います」

そういった時に、私には見えていませんでしたが、秀吉さんのお母様が私の足に自分の頭をこすりつけて……何度もお礼をいって泣いていたそうです。お母様は幽霊ではありませんが、直接触れられた私はそれを頭痛として感じるという、珍しい体験もこの時にしました（詳細は『もっと！神仏のご縁をもらうコツ』という本に書いています）。

礼儀正しく温厚な弟さんも何回もお礼をいって、私が去るまで繰り返しお辞儀をしていました。

４００年待った吉報

話を２０２０年の秋に戻しまして……。奥之院へ行く時は混雑していましたが、帰りに下から見上げるとどうやら誰もいない様子です。弟さんが人払いをしているのかも、と思ったので石段を上がってご挨拶をしました。

「秀吉さんの弟さん、お母様、こんにちは〜！」

元気よく声に出していうと、今回はお母様もハッキリ見えました。またしても私の足にすがりつきそうだったので、

「お母様、ごめんなさい、すがりつかれると調子が悪くなるんです」

といって、距離を取ってもらいました。

今回は前回お話しした時よりも、大きく一歩進んだ秀吉さんの様子を伝えることができたので、私も嬉しかったです。「秀吉さんは、神様修行に入られました！」と報告した時の、弟さんとお母様の喜びようを私は一生忘れることはないと思います。400年待った吉報ですから、2人とも大喜びで、そして嬉し泣きをしていました。

「以前は暗くて高～い壁と壁の隙間にいて、ひとりぼっちで、覇気もなく、諦めきったご様子でした。口数も少なかったです。でも今は、白い神様修行の服を着て、修行を頑張っておられます。やる気満々で張り切っていて、生前の一番素敵だった秀吉さんに戻っておられます。明るいですし、話をするとすごく楽しいです。弟さん、お母様、よかったですね。本当におめでとうございます」

2人とも、もっと教えて！　もっと話して！　というふうに瞳をキラキラさせて聞いています。黒田官兵衛《くろだかんべえ》さんが来たことも、黒田官兵衛さんから眷属を借りていることも、お話しました。

「天下人になったあと、自分がやったことを400年かけて反省したそうです。今は完全にもとの秀吉さん、よいところばかりの秀吉さんに戻られていますよ〜。人のふところにポンと飛び込むような人なつっこい、誰にでも愛される、面白くて陽気な……そんな秀吉さんです。素晴らしい神様になられるのではないでしょうか」

弟さんもお母様もずっと泣きっぱなしです。秀吉さんと私のやり取りを伝えた時はゲラゲラ笑ったりしていましたが、それも泣きながらでした。2人が「ありがとう」「ありがとう」とひたすら繰り返します。

ここでも、すべては読者さんのおかげであるということをお伝えしました。私は「運」について聞きに行っただけ、すると秀吉さんが大変な状態だった、それを本に書いた……それだけなのです。暗〜い世界から引っ張り上げて、白い神様修行の装束を着せて、輝くように内側から光る存在に押し上げてくれたのは……読者さんです。

「私、3日後に豊国廟に行くので、お母様と弟さんのことをお話しときますね。お2人のことを聞いたら、秀吉さんはますます頑張ると思います」

弟さんは男泣きに泣いていました。お母様が、あの子がここに来たら抱きしめられるか？　と聞きます。ああ、わかる〜、抱きしめたいよね〜、と思いました。

「お母様、秀吉さんは神様になられます。存在する次元が違うのです。なので、抱きしめるのは無理ですが……でも、すぐそばでお顔を見られますし、お話もできます」

弟さんもお母様も生まれ変わらずにここにいて……400年もこの場所で、ひたすら心配をしていたのは……すごいことだと思います。

「神様になった秀吉さんといつかお会いして、心配がすべて消え去ったら、生まれ変わってみてはいかがですか？」

何気なくそういったら、2人とも声をあげて泣いていました。

お母様が「ありがとう」と、泣きながら私に抱きつこうとします。

「あっ！　お母様っ！　くっつかれると頭痛がするんです〜」

「あっ！　そうか！」

慌ててお母様は後ろに一歩下がり、お互い大笑いをしました。お母様は顔をくしゃくしゃにして泣きながらの大笑いです。お母様も弟さんもいい人だったのですね。

豊国廟へ2年ぶり5度目の参拝

朝の8時頃、廟の入口付近（参道の横が駐車場になっています）に、車を停めました。さっそく石段を上りながらご挨拶をしましたが……挨拶などあっという間に終わります。ここの石段は恐ろしく長いので、廟に到着するまでかなりの時間がかかるのです。黙って上るのも寂しいので、私がその時抱えていた悩みを話しました。

豊国廟の石段は真ん中あたりに中門があります。その手前で長々としゃべってしまったため（秀吉さんはこの門までしか下りてきません）、中門のところから叫んでみました。

「秀吉さ〜ん！　今の話、聞いてくれていましたか〜？」

「聞いておった〜。それはいいから、はよ、上がって来ーい」

いつものように明るい返事です。深呼吸をして、そこからまたせっせと石段を上りました。そういえば前回は石段の上で手招きをしていたな〜、と思い出し、また今回も？　と上を見たら……なんと、今回は一番上のところでダンスを踊っていました！

秀吉さんの時代は「踊る」といえば、「舞を舞う」だと思うのですが、自分で作ったダンスなのか……変な踊りをしているのです。それは歓迎のダンス？　と立ち止まってじっと見ていたら、「はよう、はよう」「まだか〜〜〜？」と今回も急かします。

「早く会いたいのなら、ここまで迎えに来てくれればいいじゃないですか〜」

という提案は軽く無視されましたが、小さな眷属たちが前回と同じように、背中を押してくれます。それでもヒーヒーいいながら上ります。

「あーーーっ！」

「どうしたっっ？」

「またっ！　お供え物を買ってくるのを忘れましたっ！　すみませんっ！　前回来た時は前の日まで覚えていたのです。どこで買おうかな〜と考えていたんですけど、今回はキレイさっぱり忘れていましたっ！」

「お供え物のことはよい！　はよ上がって来い！」

「すみませんっ！」

「お前にお供え物をもらおうと思ってはおらぬ……」

「え……。いや、そういわれると……なんだかくやしいんですけど〜」

「…………」（←知らんがな、という雰囲気です）

「今から買ってきましょうか？」

「いいから！　はよう、来ぉーーーーーーいっ！」


一段一段上っていき、五輪塔が見えてくると、もうそこで廟の空間が以前とは明らかに違っていることがわかります。

うわー！　神様の……神社の世界になってるやん！　と驚きました。

石段を上りきってパッと廟の敷地に入ると、「気」がものすごく神々しくなっていることに気づきました。

ひゃ～！　と目が真ん丸になりました。それくらい変わっていたのです。

ここにある五輪塔は「供養」のためのものです。もともと五輪塔は故人を供養するために立てられるものなのです。ですから「気」というか、雰囲気は供養です。仏教です。それが神様の「気」に近いものを発していました。

ああ、この方は口でいうだけでなく、私たちが想像もつかないような、ものすごい努力をされているのだ、とわかりました。それくらい難しいことなのです。

とりあえず、五輪塔の正面で祝詞を唱えて、改めて正式にご挨拶をしました。以前の秀

吉さんは祝詞を唱えている間、私と同じ目線のところにいました。けれど、この日は祝詞を唱えると、五輪塔の上空に「座る」のです。今までは立っていました。立って聞いていたのです。座ったことは1回もありません。

この日は五輪塔の上の空間に御神座《ごしんざ》みたいなものが見え、そこに座っていました。座っている姿は光っています。それがいつもの秀吉さんではなく、神様然としているのです。あんなに上の空間に座れるようになったんだ～、と感動です。

あとちょっとで神様になれるのかもしれない……と思いました。異例の早さです。白い装束にもすっかり馴染んでいて、前回

のように「動きにくい」という感じではありませんでした。なんだか話がしにくい位置だったので、

「秀吉さん、申し訳ないのですが、下りてきてもらえますか？」

そうお願いすると、「ふぅ〜っ」と気を抜くような感じで小さくなって、若い頃の秀吉さんの姿になりました。

長浜城築城時代に着ていた服を着て、五輪塔を囲う柵の正面にある3段ほどの石段に座ってくれました。

そこで、3日前の豊臣家墓所での出来事を報告しました。

おんおん泣く秀吉さん

初めて会った時の弟さんは泣いていなかったのに、今回は涙、涙でお礼を何度もいっておられました、こんなんいっていました、あんなんいっていました、と細かくお伝えしました。お母様の様子も、私なんぞの足に取りすがってお礼をいうくらい、長い間心配されていたみたいです、とそこから説明をしました。

神様になったら行ってあげて下さいね、お母様が抱きしめられるかな、っていっていま

したよ、それは無理ですが、秀吉さんのほうが抱きしめるように包んでくれるんじゃないですか？　といったら、２人とも喜んで泣き笑いをしていました……と、すべてをお伝えしました。

秀吉さんも涙を流しながら、私にありがとうとお礼をいってくれます。

「神様になったら行ってあげて下さいね」

「もちろんだ」

そういって、しばらくズビズビと鼻から音を出して泣いていました。

「400年もの間、ひたすら秀吉さんを心配して、生まれ変わらずにいたのはすごいですね」

「うむ」

「神様になったお姿を見届けたら、生まれ変わってはいかがですか？　って、差し出がましいのですが、そのように提案してみました」

「うむうむ、ありがとう、ありがとう」

ここで秀吉さんは耐えきれなくなったのか、声を出しておんおん泣きます。それを見ている私まで涙ボロボロです。しばらく2人の嗚咽《おえつ》だけが響きました。

人の絆というものは、はかないようで実は強いのかもしれません。人によっては生きている途中で切れる縁というのもありますし、死んだら切れる今世《こんせ》限りの縁もあります。輪廻《りんね》メイトでも、そんなに頻繁に出会わないのが普通です（詳しくは『死んだらどうなるの？』に書いています）。

けれど、秀吉さんのお母様や弟さんを見ていると、人の絆というものは深くて強いものもあるのだ、と教えられます。相手を「思う」愛情で強くなるのかもしれません。

秀吉さんはお母様や弟さんの話を聞いて、頑張ろうという気持ちを新たにしたみたいでした。

秀吉さんの尊い決意

「秀吉さんは神様修行中だけど、ここでお願いをしてもいいのですよね？」

「もちろんだ」

とはいうものの、まだ神様になっていないので、強力な大きな力は持っていません。なんでもかんでもすべての願掛けをクリアに叶えることはまだちょっと難しいといいます。

でも、一生懸命叶えるべく努力をしているそうです。それであちこち走りまわったりしているらしいです。

「ワシは意外と忙しいのだぞ？」

悪戯《いたずら》っぽい口調でいって、微笑んでいました。

秀吉さんは、応援に来てくれた人が手を合わせる姿を見ると、「この人のために頑張ろう」と心から思うらしいです。この人の願いを叶えてあげるために、頑張って、強くて大きな神になろう、と決意を新たにするそうです。

「来てくれるのは、心のキレイな人ばかりでしょう？」

そういうと、しみじみとした「うむ」が返ってきました。

次元の隙間に落ち、絶望しかなかった秀吉さんでしたが、多くの人の信仰心によってそこから救出され、念願の神様修行に入ることができました。このような経験をしたから、人の心の美しさを知ることができた、といいます。

人間は尊い存在である、ということに〝初めて〟気づいたともいっていました。

戦国時代は人を裏切っても平気という人が少なくなく、それで実際に寝返る人もいました。二枚舌だったり、謀《はか》ったり、陥《おとしい》れたり……策謀をめぐらす人が多かったのです。命を懸けて戦わなければいけない時代だから仕方がなかったのかもしれません。

人間とはそんなもんだ……と諦めに似た思いがあったそうです。

「そういう……人間の裏側をいっぱい見てこられたのですね」

そのため、秀吉さんはある意味人間不信だったそうです。それを聞いて、ああ、なるほど～、と思ったのは、最初にお会いした時の秀吉さんの淡々とした態度です。今思えば冷たかったです。妙にしらーっとしており、どこか突き放したようなところがありました。

「その人間不信から救ってくれたのが、お前と、お前の本を読んで来てくれた人たちだ」

静かな口調でそういって、頭を下げていました。

落ちていた暗闇のどん底から救ってもらって、今こうして神様になる修行をしている、もしかしたらこの過程……つまり、この大事な経験は自分にとって必要だったのではないか……と思っているそうです。

人のためを思って何かをする、それができる人間が世の中には少なからずいる、ということを知って神様になるのと、晩年のあのままの自分で神様になっていたのとでは、全然違っていただろうというのです。

人生の最後は散々ひどいことをして自分の心根は曲がっていた、それで神様になっていたかもしれないと思うと恐ろしい、あの時神様にならなくてよかった、と秀吉さんは爽やかに語ります。あのままの自分がなっていた神様と、人間の素晴らしさを知り、人間に対して感謝の気持ちを持っている、そんな自分が神様になるのとでは雲泥《うんでい》の差があるといいます。

そこを考えると、家康さんにも感謝の念が湧くといっていました。暗闇に落ちていた時間は長かったけれど、そこで学ぶことがあったし、そのおかげで私と出会えて、読者さんへとつながっていった、とポジティブに受け止めていました。

今の状態で神様になれることが嬉しいし、ありがたいし、よかったと思う。修行を精一杯頑張って立派な神様になったら、皆に恩返しをする。人々に尽くす神様になる。上から「ごりやくを与える」のではなく、人々に奉仕をする、そういう方向で願いを叶える神様になる……と熱く語っていました。

秀吉さんという人物はやっぱり偉大だな、と思いました。素晴らしい神様になりそうです。感銘を受けて、またしてもウルウルしていると、いつもの笑顔でこちらを見ています。そしてちょっとおどけて、自慢げにいうのです。

「ワシだからのぅ～」

すごい神様になるのは当たり前じゃ、豊臣秀吉だぞ、みたいなニュアンスです。

「日本を統一した人ですものね」

いやいや、それはワシだけの力ではない、と否定していましたが、それだけの器を持った人物だったのだと思います。あ、でも、晩年はかなり道を踏み外していましたけど（笑）。


廟には1時間半くらいいたと思います。上から見ていたら、男の人が5人やってきたので、帰ることにしました。石段を下りていると、その5人はなんと！　中門から廟までの長い石段を一気に〝走って〟上がってきます。

うっわー！　と、派手に驚きました。

歩いて上がるのもヒーヒーゼーゼーいいながら、休憩しつつしか上がれない石段なのです。読者さんの中には倒れそうになったという方がいましたし、これは無理だと途中で諦めたという方もいたのです。走って上がれるんだ～、と見ていたら、

「上がれるだろう？」

と秀吉さんが笑います。以前に秀吉さんは、信長さんに呼ばれたらお城まで走って登っ

ていたという話をしていました。誠意を見せるために、です（詳しくは文庫版の『運玉』に書いています）。

その話を聞いた時、表現は「走って登った」だけど、安土城は山の上ですから、途中は早足にしたり、歩いたりもしたんだろうな、と思っていました。けれどこの日、本当に走っていたのだと理解ができました。

この話になったきっかけは、秀吉さんが石段を駆け上がるのを見たからです。秀吉さんは人間ではないから、走って上ることができるよね～、と思ったのですが、いや～、人間でもできるんですね。一回も止まらずに上まで走れるんだ～、ほえ～、と見ていたら、超ドヤ顔の秀吉さんが、

「ワシはこれをやっていた」

と鼻息荒くいうので、大笑いしました。ちなみにこの５人の方は地元の消防士さんだそうです。

織田信長公《おだのぶなが》

〈『京都でひっそりスピリチュアル』宝島社（2016年刊）で紹介〉

織田信長公はどこに？

私は秀吉さんと何回も会い、家康さんとも日光東照宮《とうしょうぐう》で会話をしたことがあります。秀吉さん、家康さんとくれば、残るは織田信長さんです。私個人の印象では、信長さんが一番存在感が薄いので、そんなに気にならなかったのですが、あれ？ そういえば信長さんってどこにいるのだろう？ と疑問に思いました。

高野山で供養塔を見たことはありますが、そこはお墓ではなく文字通りの供養塔です。ご本人はいませんでした。ここにはいないんだな〜、と思ったのですが、そこから別の場所を探してみようという気にならず、そのまま忘れていました。

2016年に初めて気になったので調べてみたら、いろいろと複雑な事情があるようですが、信長さんを祀った神社が京都にあることがわかりました。「建勲《たけいさお》神社」です。

実際に参拝してみると、境内に神様の気配はありません。スカスカに薄いのです。想像していたのとは全然違っていました。しかも、信長さんは境内のどこにもいません。必死で問いかけて探しましたが、この神社にはいないのです。

そこで私は、信長さんはきっと空海さんや最澄《さいちょう》さんのように仏様になっているに違いない、だから神社にいないのだろう、と思いました。

仏様になっていたら勧請をされても神社に来ることはできません。仮に「弘法大師神社」を造ったとして空海さんを勧請しても、空海さんはご祭神にはなれないのです。それと同じです。安土城跡に行った時にお寺の気配を感じたので、おそらくそうなのだろうと思いました。それ以外に……考えられなかったのです。

建勲神社は明治天皇が創建しています。神戸の湊川神社も奈良の吉野神宮も、同じく明治天皇が造っています。湊川神社には楠木正成さんがいますし、吉野神宮には後醍醐天皇がちゃんといます。

ということは、あちらの世界から本人を神社に呼んで祀る能力のある人が、明治天皇のそばにいたわけです。その人が神社創建に関わっているのです。楠木正成さんも後醍醐天皇も成功しているのに、信長さんだけ失敗するということは考えられないので……呼ぶ側の失敗ではないと思われます。

それなのに神社にいないということは〝来ることができない〟わけで、その理由は「仏様になっているから」これしかないだろうと思いました。

仏様になってどこのお寺にいるのだろう？　どこへ行けばつながれるのだろう？　と考えていて……この神社に信長さん以外の神様はいないのかな？　と、問いかけてみました。すると出てこられたのです。

比較的色白で痩せ型の、しゅっとした感じの若いお兄ちゃんです。神様修行をしているようですが、まだ神様にはなっていません。聞くと「信忠《のぶただ》」さんだと名乗ります。信長さんの息子だそうです。調べてみたら信長さんの長男でした。信長さんとともに、この神社に祀られていたのです。

さっそく信長さんのことを聞いてみました。すると、

「父はまだとらわれている」

と、意外なことをいうのです。

え？　何に？　というのが正直な感想でした。いっている意味が理解できなかったのです。

地獄の入口にいる信長さん

信長さんは残虐なことをしたせいで恨みをたくさん買っていました。惨殺した人の数は膨大だったそうです。

後日調べてみたところ、長島《ながしま》の一向一揆2万人皆殺し、越前《えちぜん》の一向宗徒1万人以上大虐殺、比叡山《ひえいざん》焼き打ち、謀反を起こした荒木村重《あらきむらしげ》の家族・家来の処刑などをしています。高野山の僧である高野聖《ひじり》も1300人以上殺害しています。

荒木村重の関係者の処刑では500人余りを4つの家に分けて閉じ込め、外から火を放って生きたまま焼き殺すという残忍なことをしているのです（他の場所でも同様のことを行なったことがあるようです）。う〜ん、これはたしかに残酷で、膨大な数の人間に恨まれていたのもわかると思いました。

「信長憎し！　生かしてはおけぬ！」とあちこちの宗教関係者から憎悪され、「信長、邪魔だから死んでほしい！」と、敵対していた武将たちにも思われて、〝呪術《じゅじゅつ》〟によって信長さんを殺そうとしていた人が数多くいました。宗教関係者による呪術はプロ集団であるうえに感情もこもっていますから相当強かったみたいです。

無残に殺された人々の強烈な恨みの念と、強い呪術の作用、これらのものが信長さんが亡くなった瞬間に、うわーーーーっと一気に寄って来て体中にからみつき、地獄へと引っ張って行ったのです。おびただしい数の恨みつらみの悪想念《あくそうねん》と、呪術の引っ張る力が強くて、無理やり地獄へと引きずられたわけです。

神仏が地獄に落としたわけでも、本人の業《ごう》で自動的に落ちたわけでもなく、無数にからみついているもののせいなので、信長さんがいるのは地獄の〝入口〟です。

何万という人の形をした悪想念がその手で信長さんをつかんでいます。1人に対し数万です。いくら信長さんがもがいても、その程度ではからみついた人形《ひとがた》は離れません。ひとつの手を払っても、次の手がつかみ、さらに次の手が引っ張るわけです。ちなみにからまっているこれらは「念」であって「幽霊」という実体があるものではありませんでした。

真っ黒い人の形をした悪想念や呪術が、想像を絶するほどぶら下がり、信長さんは必死でもがいていました。信忠さんがいうには、この悪想念はひとつひとつ取り除かなければいけないそうです。信長さんだけをクレーンでギュッとつかんで上に一気にシュパッと引っ張り上げる方法はないそうです。

神仏の助けは地獄まで届きませんから、からみついたものは根気よく剝がすしか道はありません。信長さんのために建てられたお寺があってそこで供養をしても、仏様の手は地獄には届かないのです。波動の違いで、これは仕方がないことです。

息子の信忠さんが父親を助けたくても、神様修行中の身である自分ではどうしようもできないというわけです。

信長さんを助ける方法はただひとつ、私たち人間の、心のこもった「供養」だけです。

信長さんと〃つながることができる〃場所に行って（そこでしか供養は届かないそうです）、信長さんに向けて「愛」「励まし」「許し」などのポジティブな念を送ってほしい、といわれました。

それが悪想念を溶かす供養となり、信長さん本人のパワー、エネルギーにもなって、からんでいる黒い人形がひとつひとつ消滅していく……とのことでした。

般若心経《はんにゃしんぎょう》などを唱えてあげると、まとめてごっそりと悪想念を消せそうだな、と思いました。少しずつでもからまったものを消していけば、身が軽くなって、地の底にある地獄の入口から上がれる日が来るのです。

信長さんとつながることができる場所、それは現在、1カ所しかありません。京都の阿《あ》弥陀寺《みだじ》にある〃お墓〃です。実はここに遺骨は埋まっていません。でも、ここだと届くのです。

なぜ、遺骨が埋まっていないのか……ということを信忠さんにお聞きして、信長さんの最期《さいご》を教えてもらいました。それは定説とは大きく違った衝撃的なものでした。でも、信長さんらしい最期だと思いました（詳細は『京都でひっそりスピリチュアル』に書いています）。

信忠さんは私が神社を去る時に、入口の鳥居まで送ってくれました。そして最後に、私に頭を下げて、

「父をよろしく頼む」

と、いったのです。

供養の念を送る

この後、パーキングに戻ってスマホで調べると、信長さんの菩提寺《ぼだいじ》として大徳寺《だいとくじ》に総見院《そうけんいん》があることがわかりました。信長さんの一周忌に間に合うように秀吉さんが建立した寺院です。そこでもつながれるのではないか？　と思い、行ってみましたが……残念なことに「拝観拒絶」と門のところに書かれていました。

次に、信忠さんがいっていた、唯一供養が届く場所だという阿弥陀寺に行きました。お墓は阿弥陀寺の境内にあるのだろうと思ったのですが、そうではありません。阿弥陀寺を通り抜けてお寺の裏に行きます。そこにはごく普通の墓地があって、その中のひとつが信長さんのお墓なのです。

あまりにも質素で、「これ？　まさか、これ？　これがあの織田信長さんのお墓なの？」としつこく確認しました。お気の毒で、なんともいえない気持ちになってしまう、それほど小さなお墓でした。

そこで手を合わせましたが、当然声などは聞こえません。幽霊よりももっと悪い状態だからです。いわれた通りに信長さんを思い、「からみついているものたち、離れろ！」と念を送ります。「信長さん頑張って〜！」と心から励まし、「1日も早く成仏できますように」とお祈りしました。

これで、数人が剝がれたようですが、数がすごいのでまだまだ供養が必要だと思いました。私ひとりの力でなんとかなる数ではないし、本に書いたところで、数万の悪想念が剝がせるのはいつになるのか……と思いましたが、他に方法がありません。そこで『京都でひっそりスピリチュアル』という本に、ここまでのことを書いたのです。

本に書いた直後から、信長さんのお墓に行ってきました、というお手紙やメッセージをいただきました。供養に効果がある生花を持って行かれた方がいますし、般若心経を何回も唱えたという方、定期的に通っているという方もおられました。供養ができる場所が墓地ですから、わざわざ行って下さる方には本当に頭が下がる思いでした。

2020年、信長さんのお墓にて

阿弥陀寺から奥の墓地に入り、信長さんのお墓の前に立ちました。お坊さんが唱える般若心経をスマホで流し、手を合わせて信長さんの状態を見て……ここでも驚嘆しました。

前回は数万という、ものすごい数の手や黒い人の形をした影が信長さんにからみついていました。遠目に見ると、たったひとりの人物に数えきれないほどの悪想念が固まりとなってくっつき（膨大な数なので固まりに見えたのです）、地獄の奥底へと引きずり込もうとしていました。

表現を変えると、重量の大きなおもりをつけた状態ですから、うわぁ、これはもう永遠に浮き上がれないのでは……と思いました。その時の信長さんは、私の目線からだいぶ下にいました。はるか下方で底に近く、そこから上がることは困難だろうという位置だったのです。

それが今回は、あら？　目線がほぼ一緒？　というところまで浮き上がっていました。これには本当に驚きました。あんなに下のほうにいたのに、私と同じ高さにまで浮いてきているのです。ありえない……というのが、正直な感想です。

さらに、からみついているものが、なんと！　あとわずかになっていたのです！　何万とついていたものが、あと1000もないくらいでした。この変化は……しばらく信じられませんでした。

あれだけ真っ黒で救いようがない状態だったのに、信長さん本人のまわりもだいぶ明るくなっています。前回は、信長さんをつかんでいた手は不気味なほど真っ黒でした。それが……その手も明るくなっているのです。明るい手はもうじき信長さんを放しそうです。解放されるまであとちょっとという状態に見えました。

ここだけの話、信長さんだけは私が生きている間に好転するのは無理だろうと思っていました。それくらい悪い状況だったのです。瀕死《ひんし》というか、絶望的な状態だったのに……たったの4年でここまで浮き上がれるとは！　と、しっかり見えているにもかかわらず信じることが難しかったです。


さらに、「あれ？」と思ったのは、見えない世界で数名の人物が墓地にいたことです。誰だろう？　と思ったのでお名前をお聞きすると、答える代わりに墓石のひとつがぼんやりと光りました。刻まれている名前を見たら、森蘭丸《もりらんまる》とあります。

森蘭丸さんって、たしか信長さんの側近だったはず……信長さんに詳しくない私でもこの方の名前は知っています。ということは、他の数名も側近だった人物だと思われます。

前回は信長さんのお墓の周辺に誰もいませんでした。でも今は数名がじっとそこに、静かに控えているのです。全員が、武将から命令されるのを待つ姿勢（片膝と片手をつくポーズ）です。話しかけても返事はもらえませんでしたが、

「信長さんが解放された時のお迎えですか？」
という質問にだけは、うなずいてくれました。
つまり、信長さんが自由になるまであと少しなのです。この方々にはそれがわかってい
るのですね。前回はひとりもいなかったのに、今回は自由になった信長さんをお迎えする
ために、数名が待機していました。
森蘭丸さんをはじめこの数名の側近は、生まれ変わらずに信長さんを待っていた、
ということです。その忠誠心を思うと……泣けました。私は信長さんについて詳しい
ことは知りません。でも、このような家来を持っていたということは、残虐なことを
したけれど、人として素晴らしいお方だったのでは？と思いました。
この件で、信長さんが自由になるのは、あと少しであると確信しました。

私ももう一度、黒い悪想念に「離れろ！」という攻撃をして、お坊さんが唱える般若心経をもう1回スマホで流し、10人くらい落としました。これからお墓に行って供養をする人の数にもよりますが、もしかしたら、半年もかからず自由になるのかもしれません。

この時はまだ自由になっていないため、信長さんとのコンタクトはできませんでした。話しかけても届きませんし、向こうの声も聞こえない……というか、話す状態ではないのです。姿だけしか見えませんでした。

ここでも、人間の信仰心が持つパワー、応援するパワーのすごさを実感しました。神様や仏様でもできない（救えない）ことを、人間がやってのける……そのすごさを目《ま》の当たりにしたのです。

次は何年後になるのかわかりませんが、次回行った時は、信長さんは自由になっていると思います。自由になったらどこへ行くのか……どうするのか……そこが知りたいので、この先も追っかけを続けたいと思います。

於《お》菊《きく》さん

〈『神さまと繋がる神社仏閣めぐり』ハート出版（２０１６年刊）で紹介〉

於菊さんからのお誘い

２０１５年に関東の神社仏閣をぐるりとまわる計画を立てた時のことです。何日もかけてやっと予定表を完成させた私は、精も根も尽き果てた状態で眠りにつきました。

その翌日、朝のまだ早い時間に、髪を結った着物姿の女性がうちに来たのです。もちろんあちらの世界の人です。

半覚醒状態の私に夢を見させることで軽く説明をし、最後に、

「菊のお稲荷さんです。お願いします。是非、来て下さい」

と、いいました。その瞬間に半覚醒状態が終わって、しっかりと目が覚めました。

女性が実際に来たことはわかりましたが、どこの誰かまではわかりません。そこで、ネット検索をしてみたら「於菊稲荷《おきくいなり》神社」（群馬県高崎市）がヒットしたのです。神社がある

場所はたまたま取材で通過する予定の地域にあり、寄ることが可能でした。それで行ってみることにしたのです。

於菊稲荷神社の「於菊」というのは昔の女性の名前です。いい伝えはいくつかあるようですが、共通しているのは、この於菊さんが大病にかかってお稲荷さんに治してもらった、という部分です。その後、於菊さんは霊能力を授かった巫女となり、困っている人を多く助けた、それで於菊稲荷神社と呼ばれるようになった、ということです。

於菊さんの願い

まずは2015年に行った時のお話です。神社の駐車場に停めた車から降りたら、夢の中に出てきた女性が走り寄ってきました。「よう来てくれた、よう来てくれた」とすごい喜びようです。

参道の写真を撮っていると、

「はようこちらへ」

と、拝殿のほうに急かします。

「待って〜、於菊さん。写真を先に撮るから〜」

そういうと、於菊さんはニコニコして待っていました。その間も「ありがとう」「ありがとう」とお礼を口にします。「よう来てくれた、遠いところを」ともいっていました。もとが人間なので、お礼のいい方が丁寧です。遠いところから来てくれてありがとうなんていわれたのは初めてかもしれません。

拝殿前に立ってじっくり見させてもらったら、歴史があるその社殿はかなり傷んでいました。拝殿の裏手には、敷地が広大だった時にあちこちにあった祠なのか、いくつもの祠が無造作に置かれていました。境内をひとまわりして状態を把握したところで、於菊さんがいろんな話をしてくれました。

於菊さんはここのお稲荷さんが大好きだそうです。それで亡くなってからも、このお稲荷さんのもとで働いているのです。仕事のお手伝いをしています。

昔、この神社はとても栄えていたそうです。参拝客は多く、活気にあふれ、にぎわっていました。それが今は社殿が傷み、境内も昔に比べて狭くなった……と於菊さんは寂しそうに語ります。参拝客の数は当時に比べると、激減だそうです。

於菊さんは、お稲荷さんが気の毒で仕方がない、おいたわしい、といいます。栄えていた時はたくさんの人がひっきりなしに参拝していて、そのおかげでパワーも強く、眷属もその時にたくさん増えたそうです。

だけど現在、訪れる人が少ないので仕事がない、というのです。大勢いる眷属も仕事がないので、力が錆《さ》びついてきています。これ以上さびれるとやさぐれる眷属も出てきそう、と於菊さんは心配しています。

お稲荷さんという神様は、参拝する人が減ると力がなくなっていきます。於菊さんはもとが人間なので、その部分に関してはダメージはありません。参拝客が減ろうと増えようと、それに力が左右されることはないのです。

於菊さんは、眷属に仕事をさせてあげたい、質が落ちないようにしてあげたい、この状況をなんとかして変えたい！　といいます。昔のように多くの人がワイワイと参拝する、そんなにぎわった神社に戻したいとのことでした。

そこで私にこういいました。

「昔みたいにしてもらえないか……」

しかし……私が本に書いたくらいでは、そこまでの影響力はとてもじゃないけどありません。力になって差し上げたいのですが、その力がないのです。何ともやるせない、申し訳ない気持ちになりました。

「於菊さん、何とかしてあげたいのは山々なのですが……。すみません、残念ながら私の本にはそこまでの力はないです」

「そうか……」

「それでも本に書けば、心優しい読者の人が参拝に来てくれると思います。その人が自分のブログに書いたり、口コミで宣伝してくれれば、少しずつでも参拝する人が増えていくかもしれません」

「よろしく頼む……」

稲荷神社にいる眷属は、狐姿の神獣です。この狐がお稲荷さんのもとで〝稲荷修行〟を積めば、お稲荷さんという「神様」になれます。けれど、もとが人間の於菊さんはここで稲荷修行をどれだけ積もうと、お稲荷さんという神様にはなれません。神獣の狐だけがお稲荷さんになれる資格があるのです。

私はそこについて質問をしてみました。いい方が悪いかもしれませんが、未来永劫《えいごう》下働きのままなのです。その状態はいいのですか、と。すると於菊さんは、

「それでも構わない」

と答えました。命を助けてくれた、大好きなお稲荷さんの下で働ける、それだけで満足

だというのです。神様にはなれなくてもいいそうです。このままで十分だと微笑んでいました。

参拝を終えて、連なった鳥居をくぐっていたら、なんと！　於菊さんがひざまずいて、「よろしく頼む」

と、いうではありませんか！

「於菊さん、そんなことまでしなくていいです。お立ちになって下さい。必ず、書きますから」

「頼む」

於菊さんはひざまずいたままです。涙が出て止まりませんでした。於菊さんは肉体を持っていませんから、本が書けません。ブログも書けません。人に来てもらいたくても宣伝ができないのです。その宣伝をしないことには於菊稲荷神社を多くの人に知ってもらうことができません。

そこで唯一の手段として、私のような人格もまだまだの人間に頭を下げているわけです。神様のお手伝いをしている尊い人が私ごとき人間にひざまずく……そうまでしないことには状況は変わらないからです。うわーん！　と、実はここで号泣しました。

於菊さんのお稲荷さんを思う気持ち、眷属たちを思う気持ちがストレートに伝わってきました。於菊さん自身はお稲荷さんという神様になれませんから、後輩の眷属に次々と追い抜いていかれる立場です。本当に純粋にお稲荷さんと眷属を思ってのことなのです。

於菊さんは参道の出口まで送ってくれました。この出口は道路に面しています。私はここでお別れの挨拶をして、車に乗り込みました。参道出口を車で通過する時、於菊さんは極上の笑顔を見せてくれました。そしてそれから、深々と頭を下げていました。

「於菊さん、頑張ってよー！」

「於菊さん、負けないでねー！」

車内から精一杯の声援を送りました。泣いても泣いても、まだ泣けました。於菊さんはここで稲荷修行している限り、下働きの今の地位のままです。それでも〝大好きな〟お稲荷さんのそばで働きたいのです。その一途に神様を思う心に胸を打たれました。

於菊さんに「頑張ってほしいな」と思われた方は、どうか於菊稲荷神社へ足を運んであげて下さい。その際、いつも100円をお賽銭箱に入れる人は150円を、10円入れる人は20円、というふうに心持ち多めに入れていただければ、と思います。お近くの方はどうぞ、一度足を運ばれてみて下さい。お近くでない方もドライブがてら旅行ついでに立ち寄ってあげて下さい。どうかよろしくお願いいたします。

『神さまと繋がる神社仏閣めぐり』に、このように於菊稲荷神社のことを紹介しました。

2020年の於菊稲荷神社

前泊したホテルで、なぜか朝の5時半に爽やかに目覚めました。せっかくなのでそれからサクサクと用意をし、於菊稲荷神社に向かいました。

この神社のことを書いた本が発売されると、たくさんの……それはもう本当に多くの方から、参拝したというお手紙やメッセージをいただきました。その後、社殿が新しくなったことも、宮司さんご夫婦が親切であることも、読者さんの情報で知っています。

於菊さんに喜んでもらおうと、いろんなお供え物を持って行ったり、於菊さんを励ましたり、元気づけたりと、読者さんは皆さんそれぞれに心のこもった参拝をされたようです。行くことが難しい、でも少しでも力になりたいということで、遠隔祈禱をお願いしたり、寄付をされたりした方もおられました。

多くのあたたかい応援をもらって、於菊さん、喜んでいるかな？　眷属たちは明るくなって、パワーが回復したかな、とワクワクしながら運転をしていると、あっという間に到着しました。

車を停めて公園の横を歩いているところで、於菊さんと眷属たちが入口に勢揃いして、私を待っているのが見えました。もうここで、涙、涙、です。

「よかったですね〜」という気持ちが涙と一緒にあふれて出てくるのです。

一の鳥居のところで於菊さんが、私の手を取って「ありがとう」を何度も繰り返します。それから私の前に立ち「こちらへ」と、笑顔で先導します。

それが……ですね、早く社殿を見せたいのか、走るのです。タッタッタッタッと。着物で！

「ちょっとちょっと、於菊さーん、私は朝早くから走れませんよぉ～」

そういうと、於菊さんは振り向いて照れ笑いを浮かべています。可愛い女性なのです。するると、今度はそこから私のほうに向かって走ってきました。草履《ぞうり》を履いているので、走ると危なっかしいというか、転びそうです。着物ですし。

「於菊さん、転ぶよ～」

といっても、喜んで行ったり来たりします。「早く早く、社殿を見て見て♪」という気持ちなのだろうなと思いました。

参道の鳥居が増えており、赤い鳥居が立ち並ぶ光景は華やかです。前回は数えるほどしかなかったのぼり旗もいっぱい立てられています。鳥居の朱色が鮮やかで、鳥居と旗が織りなすトンネルのような参道になっているのです。

狛狐が満面の笑顔でお迎えをしてくれます。以前は前掛けをしていませんでしたが、奉納する方が複数いたのでしょうか、何枚か重ねてつけていました。

社殿の前に立つと、うわぁ、なんて明るいんだろう！　というくらい、空間が明るく輝いていました。雰囲気もにぎやかになっており、数ランク上の神社になっているのです。

美しく建て替えられた社殿は立派で、神前にはみかんの木があってたくさんの実をつけ

ていました。お花も多く植えられていて、季節柄、菊の鉢植えもいくつか置かれていました。

社殿の左側には「白狐《びゃっこ》社」ができていて、小さな狐の置物が丁寧に並べられています。この白狐社は眷属たちのお城というか、家みたいな感じになっています。ここでくつろいでいるのです。

境内には「ここには座れない……」と、つい微笑んでしまう、犬が座面を支えているベンチもありました。私はこのベンチを武蔵《むさし》御《み》嶽《たけ》神社の参道で見たことがあります。ユーモアあふれるベンチなのです。

於菊稲荷神社のベンチの犬は武蔵御嶽神社の犬より可愛いデザインなので、ますます座れないぃぃ〜、と思いました（笑）。

狐塚のところにいるお稲荷さんたちも、いい笑顔です。こちらも前回はどの狐像も前掛けをつけていませんでしたが、今は全員赤い前掛けをつけてもらっています。全員が私に「ありがとう」といってくれました。

それはもう、心あたたまる境内になっているのです。眷属もお稲荷さんも於菊さんもニコニコで、常にありがとうがあちらこちらから聞こえてきます。

応援参拝で於菊さんも眷属も元気に

私が於菊稲荷神社のことを本に書く前も、もちろん参拝者は来ていました。本が発売されてからは、〝優しい〟人がたくさん来てくれるよ

うになった、と於菊さんはいいます。

中には泣きながら参拝してくれた人もいたそうです。於菊さんのほうが気を使って「大丈夫？」と背中を撫でてあげたらしいです。

その人の背中を撫でながら、一点の曇りもない真心で……ここまでの応援をしてくれるなんて……と、その気持ちがありがたくて、於菊さんも涙したそうです。

遠くからわざわざ来てくれた人もいるし、一度だけじゃなく何回も来てくれた人、今でも時々来てくれる人もいるとのことです。心のこもったお供え物を持って来てくれた人もいて、「ベンチで一緒に食べましょう」といわれた時は、横に座って一緒に食べたそうです。皆さんでどうぞ、とたくさん持って来てくれたものは眷属たちみんなで分けたといっていました。

いい人ばかりが来てくれて、「頑張ってね～」「応援していますよ～」と、元気がモリモリ湧いてくる応援をしてくれたそうです。お稲荷さんをはじめ眷属も於菊さんも全員が、来てくれた人に深く感謝をしていました。

さらに、人間がここまで大きなパワーを持っていたとは……という驚きもあったようです。信仰の「力」がここまで強いとは思わなかった、とそこは繰り返しいっていました。

人間がこんなに優しくて思いやりがあり、パワーを持っているとは……知らなかった、今回のことは学びになった、と本当に喜んでいました。

「それはよかったです〜」

そのような会話をしている時に、於菊さんが足袋《たび》と草履を履いているのが目に入りました。参道で、草履は転びそうで危ないな〜、とは思ったのですが、ここで〝履いている〟ことに気づいたのです。

「あれ？　於菊さん、前に来た時はたしか裸足《はだし》でしたよね？」

うなずく於菊さんに詳しく聞くと、以前は下々の眷属にまで仕事がなく、眷属の中にはちょっと心が荒れたものがいたそうです。それは眷属がつらいめにあっているということであり、そのような眷属がいるというのに、自分が草履を履くわけにはいかない……というわけで、裸足で仕事をしていたそうです。

今はみんなに仕事が行き渡り、全員がやる気満々で頑張っています。そのように状況が好転したので、草履を履いてもいいかな〜、と最近履いたらしいです。

「よかったですねぇ、於菊さん」

この神社はもともと眷属が多いです。私が社殿で手を合わせて祝詞を唱えた時に、眷属が勢揃いしていました。真ん中にご祭神のお稲荷さんがいて、そのまわりに3体の大きな眷属がいて、その下には7体いました。そのまた下には普通の眷属がズラ～ッとたくさんいるのです。一番下の段には小さな眷属がチマチマチマ～ッといて、その列の真ん中に於菊さんがいました。

円錐形をスパーンと半分に割ったように、半円を描いて並んでいました。一番下だけが横一列に並んでいて、その真ん中に於菊さんが正座をして座っていたのです。ああ、そうか、ここはこのような順番で、このような上下関係なんだな、と思いました。

於菊さんからの「ありがとう」

於菊さんは参拝に来てくれた人に、心から感謝をしていました。そしてそれは、私が於菊さんのいうことを信じて、ここに来たからだといってくれるのです。あらためてお礼をいわれました。

そして、本だけを読んで……つまり、私のところに来たみたいに、読者さんの家に於菊さんは行っていないのに、於菊さん本人を確認できていないのに……信じて、来てくれた方はありがたいといいます。

於菊さんは本を読んで来てくれた人のところに、順番にお礼をいいに行っているそうです。でも、於菊さんは神様ではありませんから、お礼に大きなごりやくを授けることができません。行って「小さなありがとう」を置いて帰っているそうです。

「小さなありがとうって、なんですか？」

それは、その人が「ラッキー♪」と思うことだそうです。自分にできる精一杯のミラクルを置いているのですね。神様ではないため、ラッキーと思う程度のことしかできないといっていました。

他の眷属は願掛けなどのお仕事で多忙です。ですから、於菊さんの応援に来てくれた人は於菊さん自身が、順番にお礼にまわっているのです。一度にたくさんまわれないため、ぼちぼちと地道にお礼まわりをしているとのことです。

於菊さんによると、感謝のお礼は1回行ったらそれで終わり、ではないそうです。その人がこの世にいる限り、何回も続けるといっていました。この先もず〜っと時々まわっては、小さなありがとうを置くそうです。

お稲荷さんにも良い変化が

ご祭神であるお稲荷さんも変化しています。人間に対して「ありがとう」を持ったお稲荷さんになっているのです。

「清高お稲荷さんみたいですね！」

そこで於菊さんに、高野山にこういうお稲荷さんがいて、経緯はこうこうこうでね、と説明をしました。すると、

「ここのお稲荷さんも同じ〜」

というのです。そういえば前回、私はお稲荷さんのお姿を見ていません。その時はお稲荷さんに参拝に来たというよりも、於菊さんに会いに来たという感じでした。説明は於菊さんがしていましたし、お稲荷さんは於菊さんにすべてを任せているから出てこないのだろうと思ったのです。

聞くと、於菊さんが私にお稲荷さんを見せなかったそうです。実はその時、ここのお稲荷さんもややパワーが落ちていたからです。昔は、想像もつかないくらいこの神社は栄えていました。お稲荷さんは大きく、真っ白で、毛ヅヤもよくふさふさでした。参拝客が激減して少しパワーが落ち、サイズもちょっぴり小さくなったそうです。清高さんほどではないけれど、毛もパサパサだったので、それで見えないようにしていたらしいです。

ここでその時の姿を見せてくれました。たしかに小さくて……ニコニコしているのだけど、毛ヅヤは悪く、パワーも弱いです。

「今のお姿が見える？」

というので見てみたら……社殿の2・5倍はある、巨大なお稲荷さんが空間にでーんと座っていました。雪のように真っ白で輝くようにピカピカです。やっぱり大きいなぁ、と思いました。やっと、ここまで戻られた、ということを於菊さんは涙ながらに話していました。

お稲荷さん自身も、人間に感謝を持った稲荷になれた、みたいなことをいいます。昔は厳しいお稲荷さんだったそうですが、今は丸くなって、思いやりに満ちたお稲荷さんになっています。

神社の「気」が明らかに変わっているのは、そのへんの変化が理由のようです。お稲荷さんが優しくなったので、眷属も伸び伸びしています。全員が今の状態に満足していて、仕事も楽しくしているそうです。

これから来てくれる人に伝えてほしいといわれたのは、願掛けは遠慮せずにどんどんするように、ということです。遠慮はしなくてよい、お礼もすぐに来なくてよい、なんなら

お礼はしなくてもかまわない、そのような気遣いはせずに、どんどん願ってほしい、といっていました。
小さなことでもいいので願い事はしてほしい、それが眷属の仕事になって眷属も頑張れるから、だそうです。

私が必死で写真を撮っていた時に、於菊さんは待ちきれず、これがこうでね、あれがああでね、と説明をしたそうです。ここが祈禱を待つところ、こっちは白狐社で、それでここはね、みたいに話しかけたらしいのですが、私は写真撮影に必死です。さらに前回に見た自分の記憶を掘りおこすのにも必死だったため、

「半分くらいしか聞いていなかった」

と、あとでいわれました。ほほほ、と笑ってごまかしましたが……半分どころか、まったく聞いていませんでした（笑）。

参道を歩きながら、

「最後に伝えたいことがあればいって下さいね」

というと、多くの人が来てくれたことがありがたい、お賽銭をたくさん入れてくれたのもありがたいし、信仰心でお稲荷さんをはじめ、眷属をパワーアップしてくれたのもありがたい、と最後にもう一度感謝を述べていました。

この神社での於菊さんの立場は、もとが人間であるため、低い位置です。どんなに頑張っても神様にはなれません。でも、本人はニコニコと笑顔で、神社が活気づいてきたことを喜んで走りまわっています。

於菊さんは自分を応援してくれる人が多いということに、力をもらったといっていました。その話をする時は本当に嬉しそうでした。「友達ができた」というのです。

大好きなお稲荷さんのそばで働いていても、自分だけが人間であり、お稲荷さんという神獣ではありません。お稲荷さんの眷属たちと自分は「仲間」という意識はなかったみたいです。どうやら、ひとりぼっちで頑張っていたようでした。

でも今は、於菊さんを応援しに来てくれる人がいて、於菊さんに話しかけてくれる人もいっぱいいいて（以前はひとりもいなかったそうです）、お供え物を一緒に食べようといってくれたり、友達みたいな感覚だそうです。それがとても嬉しいといっていました。

私にも友達ができた、ひとりじゃない、と。

今回、「えらい美人になってるなー」という印象でした。

髪の毛もキレイに結っているし、神社の状態がよくなると、於菊さんの姿も変わるんだな～、よかったよかった、と心から嬉しく思いました。

お岩《いわ》さん

〈ブログで紹介　２０１８年10月〜11月（現在は非公開）〉

迎えに来てくれたお岩さん

東京駅から歩いて20分のところに「於岩稲荷田宮神社《おいわいなりたみや》」（東京都中央区新川）がありま す。２０１８年に、東京駅でたまたまマップを見ていて、「あれ？　田宮於岩って……これって四谷怪談のお岩さんのこと？」と気づき、興味があったので、なんの予備知識も持たずにてくてく歩いて行ってみました。

四谷怪談のお岩さんは皆様ご存じだと思いますが、怪談に興味がない方がいらっしゃるかもしれないので、軽くあらすじを書こうと調べたら……四谷怪談は細かい部分が違ういろんなストーリーがあることがわかりました。すべてに目を通してスッキリまとめるのは不可能なので……有名だと思われるものを軽く書いておきます。

田宮又左衛門のひとり娘だったお岩さんは容姿と性格に難があり、なかなか婿を得ることができませんでした。浪人だった伊右衛門は仲介人になかば騙されたかたちで、田宮家に婿養子として入ります。

伊右衛門は上司となった与力の伊東喜兵衛の妾に惹かれます。喜兵衛は妊娠した妾をうとましく思っていたので、伊右衛門に押し付けようと考えます。望みが一致した２人は結託してお岩さんを騙し、田宮家から追い出します。

騙されたことを知ったお岩さんは狂乱して失踪します。失踪後、田宮家には不幸が続き、お家は断絶になりました。

私が過去に何回かテレビで見たのは、お岩さんは田宮家から追われるのではなく、毒薬を飲まされます。そのせいで、だんだん顔が醜く崩れて腫れ上がっていき、クシで髪をすいた時に髪の毛がごっそり抜ける、というストーリーでした。お岩さんは毒薬のせいで亡くなります。

戸板にはりつけられてお岩さんは川に流されるのですが、その水死体の姿で幽霊となって出てきて、伊右衛門にしつこくからみます。伊右衛門は狂ったように刀を振り回して、誤って後妻を斬ってしまう……というシーンが印象に強いです。

現代でも、歌舞伎やテレビで四谷怪談をやる時は、お岩さんの神社に行かなければ祟《たた》られる……という話を、子どもの頃に聞いたことがあります。

「ということは、お岩さんはまだ恨みを持ったままなのかな」

そのような知識で神社に行ってみました。

神社の少し手前まで行くと、江戸時代（？）の女性が立っています。どうやらご本人のようで、迎えに来てくれたみたいです。

見た感じは物静かで控えめ、背の低い、小柄な女性です。顔も小さくて、色白で、髪の毛がものすごく多いです。真っ黒でたっぷりある髪の毛を結い上げているので、「ふっくら」した頭になっています。茶色の着物には紺色のシマ模様が入っており、すそに少し綿が入っていました。冬物？　と思いましたが、どうして冬物を着ていたのかは不明です。

私が近づくと、私に付き添うような感じで一緒に歩きます。神域を出た先まで迎えに来られるということは、神様になっていないんだろうなと思いつつ、でも余計なことはいわずに一緒に歩きました。女性は何も語りませんし、私のほうも、とりあえず神前でのご挨拶が先だと思うので、黙って神社まで行きました。

神社はお岩さんという人物を祀っている、つまりご祭神はお岩さんだと思っていたので、境内に入ってビックリ！　です。狛狐がいるのです（東京駅で見たマップに「稲荷」と

書かれていたことをすっかり忘れているんですね〜)。

「なんで狛狐が？　え？　稲荷？　は？お岩さんって稲荷？」

周囲をキョロキョロと見まわしました。こじんまりとした小さな神社です。

「もとが人間なのに、どうして神社がお稲荷さんなのだろう？」

不思議に思いながら、とりあえず本殿の前で手を合わせました。すると、さきほどまで横にいた女性（やはりお岩さんでした。あとから判明したのですが、ここからお岩さんと書きます）が、本殿の中に入って、畳の上で正座をしました。

ど真ん中ではなく、入口近くの右端に座

って……私をじーっと見ているのです。

手を合わせてわかったのは、ご祭神はお岩さんではなくお稲荷さんでした。しかし、残念なことに、私にはお稲荷さんがよく見えませんでした。空っぽかな？　と思ったのですが、でも、薄〜くかすかに神様の気配がしています。

もしかしたら分社？　と気づき、その場で調べてみたら、新宿のほうにも「四谷《よつや》於岩稲荷田宮神社」がありました。そちらの神社は、昔、お岩さんの屋敷があった場所みたいです。

どういうことなんだろう？　名前が一緒だから、やっぱりこっちは分社かな？　それとも別の神社？　と、必死で調べたのですが、蚊がものすごく寄ってきます。刺されたらイヤだなぁと、ふと見ると、お賽銭箱の横のところに印刷された紙が置かれていました。その紙には由緒が小さな文字で書かれています。

1枚もらって読もうとしましたが、その場に突っ立ってじっと読んでいると蚊に刺されそうです。ネットで新宿の神社までどれくらいかかるのかも調べたかったので、一旦、神社を出ることにしました。カフェにでも入って、ゆっくり座って、調べたり読んだりしようと思ったのです。

スタスタと神社の出口のほうへ歩いていたら……いきなりお岩さんが無言で私の右腕をグイ！　と引っ張りました。私の霊体を引っ張ったのではなくて、実際の、3次元の本物の右腕を、グイ！　と引っ張ったのです。もちろん、感触もありました。これには、さすがの私も「ひえ〜っ！」とちょっとビビりました。

そこでお岩さんは初めて口を開きました。

「帰らないで」

「いやいや、帰るんじゃなくて、ちょっと調べたいんです。だから、この近くでカフェにでも入ろうかなと……」

そう説明をして、カフェを探したのですが、周辺にはありませんでした。蚊だらけの境内に戻るのは避けたかったので、ぐる〜っとまわって高層ビルの前にベンチを見つけ、そこに座りました。

汚名を着せられて泣くお岩さん

ガサガサとさきほどの紙を出して読もうとすると、お岩さんがベンチの前に立っています。

「お岩さん、隣に座って下さい。どうぞ」

そういうと、隣にちょこんと座ります。慎ましやかな女性なのです。私が由緒を読んでいると、隣でしくしく泣き始めました。「くやしい」というのです。

「待ってね、お岩さん。私、事情がよくわかっていないから、これを先に読ませて下さいね」

そういって、神社の由緒書きを読みました。そこにはお岩さんという女性が江戸初期に実在した人物だった、と書かれています。


箇条書きで内容を要約しますと……。

・お岩さんと夫の田宮伊右衛門は人も羨むような仲の良い夫婦だった
・しかし、伊右衛門は「30俵3人扶持」で年に16石足らずしかお給料をもらえない
・よって、台所はいつも火の車だった
・お岩さん夫婦は家計のために商家に奉公に出た
・お岩さんは日頃から田宮家の庭にある屋敷神のお稲荷さんを信仰していた
・そのおかげで夫婦の蓄えは増え、かつて栄えていたような田宮家に戻った

・信仰のおかげで田宮家が復活したという話はたちまち評判になった
・近隣の人々はお岩さんの幸運にあやかろうとして、屋敷神を「お岩稲荷」と呼んで信仰するようになった
・お岩さんが亡くなって、２００年の年月がたってから、鶴屋南北《つるやなんぼく》が芝居のお話「東海道四谷怪談」を書いた
・その怪談は、江戸で話題になった事件をいくつか組み込んで作ったもので、お岩さんとはまったく関係がない

ああ、なるほど、これが本当だったら悲しいだろうな、と思いました。お岩さんの顔は色白でキレイですし、怪談に出てくるような恐ろしいものではありません。そこで、何がくやしいのかを聞いてみました。お岩さんは、自分は人を祟って殺すような人間じゃない、そこまで心は曲がっていない、といいます。いいながら……さめざめと泣くのです。

私が実際に接した印象は、謙虚で働き者、さらに正直者で信仰心が厚い、そんな女性です。あ、でも、たぶん芯は強いです。

「お岩さん？　それって娯楽用に作られたお話で、名前だけを使われたってことですよね？」

「…………」（↑泣いています）

「娯楽の少ない時代だったから、ヒットしたのでしょうけれど、でも、名前を貸しただけですから……」

本人とは別だし、とつなごうとして、あ、ヤバ、と思いました。そうなぐさめている私自身が、お岩さんに実際に会うまでは、怪談のあのお岩さんと同一人物だと思っていたからです。

う～ん、これはどのようになぐさめたらいいのだろう、と思っていたら、

「汚名を着せられた……」

といって、また泣いています。たしかになぁ、と思いました。死んでも執念でしつこく恨みを持ち続け、祟るような人間だった、祟って相手を殺すような性格だった、と誤解されるのはくやしいと思います。本人は正反対ですから、なおさらでしょう。

「でも……お岩さん、私なんかがブログに書いたところで、２００年もそう思われてきたことは、簡単には変わらないと思いますよ」

「少しでもいい、汚名をそそいでほしい……」

しかし……私はここで簡単に、はい、わかりました、というわけにはいきません。田宮家の屋敷神であったという、お稲荷さんにも話を聞くべきだと思ったのです。そこで、「新宿のほうの神社にも行って、お稲荷さんにお話を聞いて、書くのはそれからにしますね」

と、約束をしました。

新宿の神社はお岩さんの屋敷跡ということですから、きっとそちらにはお稲荷さんがいるはずです。資料によると、新宿の神社にはお岩さんもご祭神として祀られていると書かれていました。

お岩さんはしくしく泣くばかりでしたが、１回だけ、ウフフと笑ってくれました。それは境内で、私が隣にいるお岩さんの横顔を見て、つい、「髪の毛、多っ！」と叫んだ時です。

ものすごく膨らんでいるのです、結い上げた髪が。顔が小さいのに、なんでそんなにいっぱい、もっさり生えてるねん？　と思いました。そこで、その叫び声を発したのですが、そこで、ウフフと笑ったのです。

笑顔はこの1回しか見ていません。

あ、それとこれは、私だけが苦笑したのですが……。私は「お○○さん」といえば、パッと「於菊さん」が頭に浮かびます。於菊稲荷神社の「於菊さん」です。それで、お岩さんとの会話の中でも、何回かお岩さんのことをついうっかり「於菊さん」といったのです。

2回目までは、お岩さんは「…………」と黙っていましたが、3回目の時に、

「…………」

と沈黙をしたあとで、

「あの……イワ、ですが……」

と、訂正しました。

「あっ、ごめんなさい！　似たような名前の人がいるので、つい……」

謝罪をしましたが、そのあとも何回か「於菊さん」と口から出ていました（汗）。

中央区にあるこちらの「於岩稲荷田宮神社」について、お伝えしておきたいことがあります。本殿右奥には狐塚があります。そこは、氏子さんや地元の方、もしくは、しょっちゅう参拝できますという人以外は、行かないほうがいいです。厳しく寂しいお稲荷さんが

いる狐塚だからです。

気の毒なお岩さん

「於岩稲荷田宮神社」で、お岩さんの話を聞いて、そのまま新宿の神社に行こうと思ったのですが、すでに夕方だったのでこの日はあきらめました。しかし、それからなかなか新宿方面に行く機会がなく……ずいぶんたってから、やっと参拝することができました。

新宿のほうは、「四谷於岩稲荷田宮神社」で〝四谷〟がつきます。住宅地のど真ん中にあるせいか、こちらの境内はもっと狭かったです。

神様であるお稲荷さんはこちらの神社にいたので、お話を聞きました。

お岩さんは亡くなったあと、２回生まれ変わったそうです。２回目の転生が終わって、あちらの世界に戻った時に、日本中の人の意識の中で自分が「化け物」になっていることを知ったそうです（ということは、２回目の転生は外国だったのかな、と思いました）。

名前がお岩さんそのままで住所もそのままですから、怪談の中の人物はまさにお岩さん本人、ということになります。それでお岩さんは憤り、くやしくて、くやしくて仕方がないという感情に支配され、２回目の転生の人物ではなく、お岩さんという人物に戻ったのです。

お岩さんに戻ったため、ゆかりのあるこの神社にいる、というわけです。

くやしさとともに悲しみの感情も強く持っていますから、それらの強烈な念は執念となってお岩さん自身をがんじがらめにしばっているそうです。

あちらの世界に戻ると、そのような感情はほぼ手放せるのですが、お岩さんの場合、人間界で持った感情ではなく、あちらの世界で持った感情であるため、執念にまでなったのかもしれません。

そこでこれが、もしも私だったら……と考えてみました。

お芝居の台本にただ書かれただけだったら、「ンモー、私、そんな人間ちゃうわ～」とプンプンするくらいで終わりそうです。しかし、日本全国、国民のみんなが「桜井識子？ああ、顔が醜く腫れ上がった、あの化け物ね」と噂をし、片方の目が腫れ上がった、頭がハゲている絵が私の顔として出回るわけです。

「うらめしや～」は桜井識子のためにある言葉、みたいにいわれ、お化けの代名詞が私です。「夫と後妻にしつこく祟って殺した女らしいで」「うわー、こわー、桜井識子、こわー」と、お年寄りから子どもまで、日本国中の人にいわれたら……やっぱりくやしいです

し、悲しいです。

「私、そんな人間じゃない！」と、真実をわかってもらいたい、という気持ちになると思います。そこまで考えて、お岩さんのくやしさが理解できました。

現在、お岩さんは自分の念で自分をしばっていますから、生まれ変わりのほうにも行けず、神仏の修行もできず、あちらの世界で仕事もできず、神社にずっと「いる」だけです。でも、幽霊ではありません。ただ、そこに「いて」泣いているのです。

この神社には眷属も何体かいますから、眷属にも聞いてみました。すると、「かわいそうで見ていられない」と、全員がいっていました。

「お岩さんは、ここに祀られているのですよね？」

お稲荷さんにお聞きすると、

「祀られてはいない」

という答えが返ってきました。私が見ても祀られていない存在だったので、その答えに納得したのですが、帰宅していろいろネット情報を見たら、「祀られている」と書かれているものが多かったです。

お稲荷さんも祀られていないと、はっきりいっていたので、どの時代に祀る儀式をしたのかわかりませんが、もしかしたら「祀り方」に何か問題があったのかもしれません。

お岩さんの呪縛を解く方法

新宿の神社に最初に入った時の、お稲荷さんの「気」は厳しめでした。怒ってはいませんが、ちょっとキツイ感じで怖いかも？　という雰囲気だったのです。

手を合わせて、

「お岩さんは濡れ衣を着せられているらしいので、真実を知るために来ました」

と、ご挨拶をしたら……険しかった「気」がスーッと穏やかになりました。これは私に何を伝えているのかといいますと、興味本位の参拝、面白半分、怖いもの見たさという遊びの延長で来る人をよく思っていない、ということです。

もちろん、お岩さんを思うお気持ちからです。好奇心から来たのではないことをお話すると、本当のお姿を見せてくれます。柔らかい雰囲気になって、会話もしてくれます。そのお稲荷さんが私にいいました。

「何とかしてやってほしい」

今のお岩さんは、神様でも助けることができないそうです。本人の強い念でがんじがらめになっているその呪縛は、本人にしか解けないからです。神様でも解けないのです。お岩さん自身が「もう気にしないわ」と考えを変えるとか、くやしい悲しいという気持ちを手放すとか、自分の中から呪縛を解かない限り、救われる方法はないそうです。

そして、そこをサポートできるのは……人間だけだといっていました。

「真実を知っていますよ」「お岩さんがそのような人でないことはわかってますよ」と、理解を示す人がたくさん来れば、お岩さんは「ああ、誤解がまたひとつ解けた」「わかってもらえた」と嬉しく思い、ホッとするだろう、というのです。それが重なっていくと、お岩さんのくやしいとか悲しいという念も消えていき、呪縛が解けるらしいです。

お稲荷さんも眷属も、時々なぐさめたりしているそうですが、お岩さんは袖で顔を隠して、しくしく泣くばかりだそうです。この神社は参拝した時に、お岩さんの悲しい気持ちをキャッチすると、境内が暗いと感じます。

しかし、昔は栄えていたようです。まだ「東海道四谷怪談」が作られる前の、江戸初期の頃は、多くの人が参拝をしていたみたいです。

境内は狭くて、長居ができる雰囲気ではありません。社務所もありませんでした。でも、「お岩さん、誤解していてごめんなさい」と、ひとことといってあげたいという方は、参拝に行くと、お岩さんだけでなくお稲荷さんにも眷属にも喜ばれます。

「四谷於岩稲荷田宮神社」は明治12年に火事で焼失したため、中央区新川にある田宮家の敷地に移転し、「於岩稲荷田宮神社」ができたそうです。「於岩稲荷田宮神社」も戦災で焼失しましたが、戦後になって、両方ともが再建されたそうです。……と、ここまでをブログに書きました。

2年後のお岩さん

久しぶりに行ったら、境内がものすごーーーーく爽やかになっていました。居心地の

よさが以前とまったく違います。前は……暗かったです。お岩さんの気持ちが沈み込んでいて、悲しみの感情をドッと放出していたせいで、むわむわむわ〜っと暗〜い「気」が境内に充満していました。なんともいえない黒っぽい灰色の空気に包まれているような感じでした。

それが今回行ってみたら、空間が透明になっているのです。晴れ渡った青空のような境内に変わっていました。お岩さんが元気になったのだな、ということがすぐにわかる変化でした。

さっそく手を合わせてご挨拶をすると、お岩さんが出てきました。前回と違って美しい着物を着ており、花を両手にいっぱい持っています。応援（謝罪）に来てくれた人がたくさんのプレゼントをくれた、と嬉しそうです。

ニコニコしている笑顔が輝いています。

「美味しいものもいっぱい食べたのよ」

「それはよかったですね〜」

読者さんが持ってきてくれた美味しいものを食べて、オシャレをして、花をたくさんもらったせいか、前回会った時とは別人のようです。お岩さんは花が大好きだそうで、プレゼントされるたびに幸せを感じたといっていました。

お岩さんも読者さんのことを「友達」と表現していました。「友達がたくさんできて、嬉しいし、楽しい」というのを聞いて、於菊さんとそこは同じだ〜、と思いました。存在する世界が違っていても、応援に来てくれて、話をしてくれて、「頑張ってね」とエールを贈られたら、その人は友達という感覚になるようです。

「ブログを読んで来てくれた人は優しかったでしょう?」

お岩さんは柔和な笑顔でうなずきます。ものすごくたくさんの人が来てくれたそうです。

「頑張って」といってくれる人もいたけれど、「ごめんね」と謝る人が圧倒的に多かったといいます。「ごめんね、勘違いをしてて」「ごめんね、誤解をしてて」というふうに、「ごめんなさい」とみんなが謝ってくれたというのです。

この神社でも泣きながら謝る人がいたそうです。世間が誤解をしててごめんなさい、と自分のことではなく、日本中の人の代わりに謝った人もいたらしいです。

泣きながら謝る人には、ここでもお岩さんが背中を撫でて、「気にしないで〜」「私は大丈夫だから」「ありがとう」となぐさめたそうです。

お岩さんの場合、謝罪する人が多いため、誤解が解けて嬉しい反面、謝らせて申し訳ない、罪悪感を持たせてごめんなさい、という気持ちになったそうです。背中をさすりながら、「こちらこそごめんなさい」と、涙が出たといっていました。

遠くからも来てくれるので、「わざわざ来てくれてありがとう！」と、ありがたく思う気持ちも大きいのですが……申し訳ない、という気持ちも大きかったそうです。

「誤解が解けてよかったですね」

国民全員とまではいかないけれど、わかってくれる人が増えて、心に平安が戻ってきたみたいでした。もしかしたら、たまに思い出して泣いているのかもしれませんが、以前に比べたら、だいぶ落ち着いたように見えたのです。

するとお岩さんはまっすぐ私を見つめてこういいました。

来てくれた人たちが本当に優しくて、親切な人ばかりだった。この人たちにわかってもらえたのだったら……もう、それでいい。吹っ切れた……と。

「え！　あれほど深かった悲しみが？　吹っ切れたのですか？」

驚きの発言です。それほど来てくれた人は、いい人ばかりだった、といいます。

日本中の人が……たとえば、日本中の人が1000人だったとして、990人が「お岩さんは化け物だ」「気持ち悪い」といっても、残りの10人がここに来てくれた人で、その10人が「誤解をしててごめんなさい」「お岩さん、誤解に負けないでね、頑張ってね」とわかってくれたら、もうそれでいい……と、ニコニコしているのです。

その笑顔が、心の底からそう思っていることや、来てくれた人たちに感謝をしていること、そしてお岩さんの性格の良さを表していました。

「もう全然気にしていないのですか？」

本当にキレイさっぱり！　吹っ切れたそうです。化け物だと思う人がいても、もう気にしない、わかってくれる人は自分のことを本当に理解してくれている、そのほうが大事だというのです。

魅力がない女で醜い顔だった、だから浮気をされた、薬のせいで目が腫れ上がったザンバラ髪の化け物となり、死んだあとは怨霊《おんりょう》となって祟る、夫や愛人を呪い殺す人間だった……。夏になれば、お化けの代表として、「うらめしや〜」と描かれる……。

一生懸命に生きていたのに、なぜここまで侮辱されるのか、この先もずっと自分はお化けとして語り継がれていくのか……と、本当にくやしく悲しかったけれど、その気持ちは完全になくなったそうです。

「よかったですねぇ」

人間は、自分では気づいていないみたいだけれど、ひとりひとりがすごいパワーを持っている、素晴らしい存在なのだとお岩さんは熱く語っていました。

お岩さんの明るい夢

「お岩さん、これからどうされるのですか？」

せっかく稲荷神社にいるし、於菊さんみたいにお稲荷さんの眷属として、仕事をするのかな？　と思って質問をしました。

「生まれ変わる！」

「えっ！　そうなんですね！」

お岩さんは、田宮岩という人生のあとに2回生まれ変わっています。あちらの世界に帰った時に、自分がお化けの代表になっていることを知って、お岩さんという人物に戻りました。そこからは悲しみの底に沈んでしまって、一歩も前に進めませんでした。状況が変わらないので、底に沈んだまま、悲しい気持ちのままだったのです。

すると、ある日、桜井識子というおばさんがのほほーんと参拝に来て、たまたま会話ができる人だったので悲しみを打ち明けたら、ブログに真実を書いた。それからは優しい読者さんがいっぱい来てくれて、話をしてくれたり、励ましてくれたり、応援してくれたり……ああ、この人たちがわかってくれたのだったら、もうこれで十分、と心がサラサラに浄化されたのです。

どんよりと地底に沈んだような自分から脱皮ができたので、心機一転、生まれ変わることにしたそうです。

「生まれ変わって、何をする予定ですか？」

「私がしてもらったことをするの」

力強く張り切った声で答えが返ってきました。

人間の、相手を心から思いやる気持ち……私利私欲なく、ただ相手のことだけを一心に思う慈愛というのは、相手にパワーを与え、傷ついた心を癒やし、心の暗闇を切り開いて、明るい光がサンサンと差し込むようにします。

自分が救われたこの素晴らしい経験を、今度は自分が生まれ変わって、困っている人にしてあげたい……そう語っているお岩さんの瞳はキラキラ輝いていました。

歴史の中には、悪いことをまったくしていないのに悪人にされたり、汚名を着せられて悪者になっている人がたくさんいるそうです。そういう人に「誤解だと知っていますよ」「元気を出してね」「頑張ってね」と、自分がしてもらったようにその人の心の闇を切り開いてあげたい、癒やしてあげたい、助けたい、というのです。

それは……人間でなければできないからです。

「だから生まれ変わって、それをするの」

希望に満ちた笑顔がまぶしかったです。

「それはやりがいがありますね」

「あなたは幸せよ」

お岩さんによると、私はお岩さんを救うきっかけを作った、於菊さんや他のお稲荷さんを助けるきっかけも作っている、それができるのは人間だからだし、それができることは幸せである、といいます。そして、そのきっかけから行動を起こした人はもっと幸せだとお岩さんは力説します。

そういえば、於菊さんのところには飛行機を利用して遠くから行かれた人がいますし、秀吉さんのところには遠方から日帰りで行かれた人もいます。きっかけを作る私はきっかけだけなのですが、それを信じて行動をする人は、私も本当に素晴らしいと思います。

私のこの意見に、お岩さんは深くうなずき、その後2人で人間ができることについて語り合いました。

「生まれ変わって、多くの人を救ってあげたい」

お岩さんはすでに生まれ変わった自分の未来を見ているようでした。

人間は幸せだというお岩さんの哲学

「四谷於岩稲荷田宮神社」は狭いです。前述したように、歩きまわる場所がまったくなくて、長くいることが難しい神社です。じーっとして話すのも限界があるな～、と思ったところで、もうひとつの「於岩稲荷田宮神社」を初参拝した時のことを思い出しました。お岩さんが道路まで迎えに来ていたのです。

「お岩さんは神様でも眷属でもないから、神域を出て一緒に歩きながらしゃべれますよね？」

お岩さんはうなずきます。

「ここからパーキングまで歩いて20分はかかるから、おしゃべりをしながら一緒に散歩しませんか？」

にっこりうなずいて、お岩さんは社殿に上がります。そこで正座をして、お稲荷さんに三つ指をついて、頭を下げていました。許可をもらうためです。

「今からこの方と一緒に外を歩いてきます。少しの間、お留守にします」

「きゃ～、お岩さん、礼儀正しいんですね！」

「何いってるの、昔はこうよ」

お岩さんは朗らかに笑います。それから2人で神社を出て、歩きながらしゃべりました。

着物を着ているので、お岩さんは小股で歩きます。歩かずにスーッと移動をすればいいように思いますが、本人は歩きたいみたいです。着物を着ている人は大股でザッザッと歩くのではなく、小股でちょこちょこと歩くのですね。チラッと横を見たら、そうやって一生懸命歩いていました。小股で小さく歩くのは……しんどそうでした。

「着物を着ていたら、歩くの大変そうですねぇ」

「何いってるの～、これが普通の歩き方よ～」

と、いいつつチマチマチマと歩いていました。

大通りに出ると、チェーン店のカフェがありました。お店の前で、「生ハムが入ったサンドイッチを食べたいな～」と思いましたが、まだ午前11時半です。お昼にはちょっと早い時間です。

すると、お岩さんが「一緒に入ろう」というのです。

「一緒に食べます？」

「入るわよ」

ということで店内に入り、サンドイッチとカフェオレをたのみました。テーブルにつくと、お岩さんは向かいの席に座ります。お岩さんがいらないというので、はぐはぐと食べていたら、ニコニコしながら、

「美味しい？」

と聞きます。

「美味しいです」

「私も生まれ変わったら、こういうものを食べるの」

「それは楽しみですね〜。ハンバーガーやピザを食べて、コーラも飲んで下さい」

お岩さんは飽きることなく店内を見まわして、楽しんでいました。ここでも、あなたは幸せよ♪　といわれました。

人間として、今、生きている間にしかできない尊いことがあり、それをしている人は幸せだというのがお岩さんの哲学です。人間にしかできない素晴らしいことがあるのに、そこに気づくことなく、文句ばかり愚痴ばかりいう人生、投げやりに生きる人生、欲望まみれの人生で終わる人もいるわけです。それはそれでいいのかもしれませんが、もったいないとお岩さんは思っているみたいでした。

以前に会った時のお岩さんは、暗くて泣いてばかりでした。芯は強いように見えたので、よっぽど傷ついているのだろうと思いました。自分の念にしばられていたため、お稲荷さんも眷属も救うことができなくて、困っていました。

でも今は、胸を張って真っ直ぐに未来を見ています。少々のことではへこたれない強い意志も持っています。自分に自信を取り戻したようです。

「いつ生まれ変わる予定ですか？」

「もうそろそろ……」

「お岩さん、ちょっとだけ待ってもらってていいですか？　今回のことを本に書きます。すると、本を読んだ読者さんがお岩さんに会いに来るかもしれません」

「では、少しだけ待つことにする」

読者さんはきっと、「生まれ変わったら頑張ってね」というあたたかい励ましをくれるだろうから、それを全部持って生まれ変わる、といっていました。

お岩さんはあちらの世界にいる人です。死んでから50年たった向こう側の人なので、決めたら、即！　生まれ変わることができます。もしかしたらどなたかのお子さんとか、親戚に生まれるかもしれません。

神社で泣いてくれた人、お供え物を持ってきてくれた人、一生懸命に謝ってくれた人、そして、頑張ってね、といってくれた人、お岩さんはしっかりとすべての人の手を握ったそうです。

その人たちには気づいてもらえなかったけれど、「ありがとう」「ありがとう」と、お岩さんは両手で、その人たちの手を握ってお礼をいいました。心からの感謝を伝えたその時に、読者さんにもらった手のぬくもりは、「生まれ変わっても決して忘れない」とのことです。心に響く素敵な言葉を残して、お岩さんは神社に帰っていきました。

第2部

神仏から聞いた ためになる話

お仕事で喪《も》がついてしまう方へ

高野山奥之院

久しぶりに参拝したこの日は雨でした。奥之院へのしっとりとした参道を歩きながら、空海さんと会話を交わしました。私のブログには多くの人から質問が届きます。中には神仏に聞かなければわからない……という難しい質問もあります。この日、空海さんに聞いたのはそのような質問のひとつです。

神様は仏様と違って「喪」が苦手です。

親族に不幸があったり、お葬式に参列したりすると、7日から49日と幅はありますが、人間には喪がつきます。神様はその状態で神社に参拝をすることを遠慮してほしいと思っています。

喪が発生したら、自宅に神棚があるお宅は神棚に目隠しをしなければいけません。神様が喪に触れることを嫌うからです。神社に参拝することも、決まった日数は控えます。喪がついたまま境内に入ることは失礼であり、神様と眷属に嫌な思いをさせるからです。これは神様に対する礼儀であり、最低限のルールでもあるのです。

そこで「では、私はどうすればいいのでしょう?」と質問を送ってこられるのが、職業上、喪に触れることが多い方々です。葬儀社に勤務している方、お医者さんや看護師さん、介護士さん、司法解剖をしている方など、仕事で「死」「遺体」に接することがある方々です。

他人の遺体に接した場合、7日ほど参拝することを控えますが、7日も日があかないという方も少なくないのです。

「世の中にとって大事な仕事をしています。でも、しょっちゅう喪がつきます。神様にもご縁をいただきたいのですが……なんとか方法はないのでしょうか」

このようなメッセージを何通ももらってきました。喪がついている期間は参拝しないほうがいいと書いたため、葬儀社にお勤めの方から、激怒されたこともあります。

実際のところ神様は職業上の喪をどう思っていらっしゃるのか、いつか聞かねば……と思いつつ、数年がたちました。これは私がサボッていたのではなく、不思議なことに、神社に行くとなぜかこの質問を忘れるのです。

そこで、質問をメモに書いて、それを握って参拝したこともありますが……その時は答えが返ってきませんでした。ああ、これはもう本当に、神様は喪が苦手なのだろう、と思ったところでストップしてしまい、進展しなかったのです。

奥之院に向かう参道で、ふと、神様ではなく仏様……空海さんに聞くのはどうだろう？と気づきました。そこで空海さんに神様と喪の関係について質問をしたのです。空海さんは仏様でありながら、神様にも大変詳しいので何か知っているかも？と思いました。

空海さんが教えてくれたこと

読者さんからのメッセージや私の喪に関する知識など、長々と説明をしている間、空海さんは黙って聞いていました。

「仕事上の喪でも……神社の参拝はダメなのでしょうか？」

「神という存在は、喪を祓《はら》えない」

「？」

ここからは空海さんの説明です。

神様の世界は死後世界と次元が違います。高い次元にいる神様は、偉そうぶって死後世界を見下しているわけではなく、嫌っているわけでもなく、ただ単に、波動の関係で死後世界が苦手なのです。

喪は死後世界に属するため、神様は次元の違うその波動に接することが苦痛であり、触れてしまったら、とてもつらい思いをするそうです。

「だから、人間のほうが遠慮をするのは当たり前である」

と、空海さんはいいます。

仏様がいるのも次元の高い世界なのですが、神様と仏様は存在自体が違っており、仏様のほうは死後世界のダメージを受けないようになっています。

神様は現実世界を正常に機能させるお仕事をしています。そのため、こちら方面に働く力が大きく、仏様は見えない世界を正常に機能させるお仕事をしているので、そちらに大きく力が開いています。神様と仏様は仕事の受け持ちが違うのです。

神社では、お宮参りや七五三で子どもの健《すこ》やかな成長をお願いしたり、平癒《へいゆ》祈願、合格祈願、子宝祈願、縁結び、車のお祓い、商売繁盛など、現実世界でのごりやくをお願いします。神社のほうもそのような祈願を受け付けるようになっています。神社に法要や供養の祈願受付はありません。

逆にお寺では、お葬式や法要、供養をお願いします。お寺の敷地に墓地があるところも多いです。仏様があちらの世界担当だからです。人間の心の部分も見えない世界に属するので、除夜の鐘で煩悩《ぼんのう》を祓ったり、写経や瞑想で心の平安を図ったりということもお寺でします。

神様も仏様もどちらも強い力を持っていて、超高級霊という存在ですから、担当の分野ではないお仕事もできます。それで、神様が憑《つ》き物を落としたり、仏様が病気を治したりもするわけです。

このように神様と仏様は存在の種類が違います。神様は死後世界から遠い距離にいますが、仏様は比較的近いところにいます。よって、神様には喪を祓うことができなくても、仏様にはできるというわけです。

お坊さんには喪がつかない理由

さて、そこで、お坊さんです。お坊さんは仏様のお手伝いをする職業です。得度《とくど》をして修行を重ね、晴れて僧籍を取得したら、仏様のお手伝い要員として仏様世界に足を踏み入れます。

それまでは一般人と同じく、頭のてっぺんから足の爪先まで人間界にいた人ですが、僧侶となったところから、仏様世界にちょっと足を踏み入れた人に変わるのです。

仏様世界に足を踏み入れないと、仏様のお手伝いができません。足を踏み入れたところで、人間界にいた時と若干、存在が変わります。いわば、生きている人間でありながら、仏様の眷属となるわけです。弟子になってお手伝いをさせてもらいます。

生きた眷属、弟子になったため、仏様世界の色がつきます（説明が難しいのでイメージしやすいように書いています）。この色がつけば……仏様同様、喪がつかなくなるのです。

つまり、お坊さんには喪がつきません。お葬式を行なって遺体に接しても、喪はまったくつかないのです。ですから、葬儀をしたその日でも神社に参拝ができます。

お寺にあった喪を消す方法

喪に接することがある職業の人も、お坊さんのように仏様世界の色をつけてもらえば、喪がつきません。

前述したように、神様には喪が祓えませんから、神社に行って「祓って下さい」とお願いをしても無理です。境内に入ったところから避けられていますし、眷属に怒られます。これは波動の関係で、仕方のないことなのです。

そこで、喪に接する仕事についたら、仏様世界の色をつけてもらうためにお寺に行きます。お寺で仏様に、特別に色をつけてもらうのです。その方法をお伝えします。

まず、必要不可欠なのが祈禱です。なので、事前に調べて、祈禱をしてくれるお寺を選びます。

祈禱が始まってお坊さんが読経している間に、〝自分で〟仏様にお願いをします。というのは、祈禱の種類の中に「喪が身につかないようにする」というものがないからです。マニュアル化されていません。

祈禱の種類は仏様のほうにも商売繁盛、開運厄除、家内安全などいろいろあります。お願いをするのは、その中で「体に関するもの」です。無病息災、健康祈願、当病平癒などですね。「体」に関する願掛けにすると、仏様が体を撫でるため、その時に喪がつかないように仏様世界の色をつけてくれます。

読経してもらっている間に、自分でちゃんと仏様に詳しくお話をします。どういう経緯で喪に接する職業についたのか、仕事の内容はこのようなもので、こういう時に喪がつきます、と丁寧に説明します（小声でささやくようにいってもいいですし、心の中で話してもかまいません）。

そして最後に、仕事上での喪がつかないようにして下さい、とお願いをするわけです。

ここで〝必ず〟いうべきことは、喪がついたら困るという「理由」です。神社に参拝をしたい、神様も信仰したい、神様にもご縁をいただきたい、という理由を正直にいいます。

「仏様に、神様を信仰したいといってもいいのでしょうか？」

という変な気遣いはいりません。人間には信仰の自由がありますし、仏様は神様にヤキモチを焼くような狭い心を持っておりません。ですから、正しい本当の理由を、嘘偽りなく正直にいいます。

喪がつかないようにしてほしいという、ある意味、特別なお願いを叶えてもらうのですから、礼儀としていわなければいけないことなのです。

「理由を忘れずにいえよ」

と、空海さんがわざわざ念を押していましたから、重要なポイントだと思われます。

こうして、正直に丁寧にお願いをすれば、ちゃんと仏様世界の色をつけてくれます。よって、「仕事上の喪」はつかなくなり、神社にいつでも参拝ができるようになるのです。

「仕事の喪と親族の喪は違うので……もしかしたら、親族の喪はつきますか？」

と、空海さんに質問をしたら、

「つく」

と、ハッキリした答えが返ってきました。お坊さんと違って、存在がまるまる人間界にいる人ですから、仏様世界に足を踏み入れたお坊さんと同じく、全部つかないというそこまではできないそうです。ですから、親族の喪はつきます。でも、ありがたいことに仕事上の喪は一切つかなくなります。

祈禱はどこのお寺でもオーケー

「そのお願いをする仏様はどの仏様でもいいのでしょうか？」

こう質問をしたら、空海さんは、「え？　どの仏でも全部大丈夫だけど？」という顔で私をじーっと見ています。

文章では聞いたことを簡潔にまとめて書いていますが、実はここまでに長い会話を交わしているのです。へ？　あれだけ説明したのに、そこ、理解できてなかったん？　と空海さんのお顔がいっています。

「いや、空海さん、これは読者さんのための確認なのです」

空海さんは苦笑しつつ、うなずきました。どの仏様でも効力は同じです。しかし、そういわれても、私的には四天王とかお不動さんとか、戦う系の仏様はなんだか違うような気がします。

「あの～？　お不動さんでも大丈夫ですか？」

「不動明王は仏じゃないのか？（笑）」

「いや、仏様なんですけど……分野が違うような気がするのです」

「そのようなことはない」

「特別にこの仏様だったら、しゅぱぱぱっと色をつけてくれる！　という仏様はいないのですね？」

空海さんは笑って、

「どの仏も一緒だ」

といいます。しつこく確認をしたので、皆様ご安心下さい。日本全国、どこのお寺に行っても大丈夫です。祈禱をしてくれるお寺だったら問題ありません。仏様に色をつけてもらって、喪がつかない処置をしてもらったら、死ぬまで「仕事での喪」はつきません。なので、神社にも行けるようになります。

最後に、空海さんが教えてくれた大事なことを書いておきます。

仕事での喪がつかない処置をしてもらったら、その時に、そのお寺で身につけるものを買います。数珠でも、キーホルダーでも、お守りでも、なんでもかまいません。ただし、買い替えられないので一生使えるものにします。それを身につけて神社に行きます。こうすれば、完璧に仕事上の喪が消されるそうです。仕事の喪で神様に迷惑をかけることは一切なくなる、といっていました。

ちなみに万が一、その身につけるものを失くしてしまった場合、祈禱からやり直しになります(壊れることは問題ありません。壊れたまま持参すればオーケーです)。

2020年早朝の勤行

真っ暗な参道を歩きつつ、この景色は100年後も200年後もこのままなのだろうな〜、ということを思いました。平安時代、鎌倉時代、室町時代、安土桃山時代、江戸時代、明治・大正・昭和・平成……そして令和と、ここはずっと同じ風景で、そしてこの先も何百年たっても変わらないような気がします。

街も家も車も様変わりして未来的な世界になっても、高野山の奥之院はこのまま残っていくのでしょう。日本の宝、歴史の宝だと思いました。

そしてこれも信仰の力であり、空海さんを信じる人の心のパワーなので、信仰はやはりすごいと古い墓石や五輪塔を見ながらそう思いました。


今回の勤行では、空海さんがお供えされた食事をちゃんと召し上がっているのが見えました。食事風景を見せてくれたのです。「本当に食べているんだ！」と驚きました。これは空海さんの弟子への思いやりです。弟子の信仰心にこたえる意味で食べているとのことでした。ニコニコと美味しそうに召し上がっているお姿にはほっこりしましたし、なんだか感動しました。

多くの人を救うため、助けてあげるために、愛情を持ってひとりひとりに寄り添っている空海さんです。そこには包容力たっぷりの包み込むような仏様の深い愛があります。

でも、弟子への愛情はちょっと形が違うのです。もちろん、弟子のことも可愛がっているのだけれど、弟子には自分のあとをしっかり継いでほしいという願いがあるようです。

仏様の手伝いをしっかりやって、人々を救ってほしいという思いです。だから、弟子には厳しい部分もあります。

弟子の中には、心根のよくない人もいるそうです。そういう人には背を向けています。そこは厳しいのです。仏門に入って、仏様の弟子になったからには、人々に愛情を持って、仏様が導いたり救ったりする手伝いをするべきである、というわけで、真面目に頑張っている弟子には強い愛情を持っています。


この日、6時に食事が運ばれてきても、見学者は誰も内陣《ないじん》に上がりませんでした。新型コロナウイルスのことを考えると内陣に入ることが躊躇《ためら》われます。お賽銭箱の前には7〜8人がいましたが、皆さん、ここで見せていただけるだけでもありがたい、という気持ちだったようです。

すると、驚くことに！　お坊さんが「よかったらどうぞ端からお上がり下さい」と声をかけてくれたのです。うわぁ〜、このようなありがたいお言葉を下さるようになったんだ〜、とビックリしました。猛烈に嬉しかったです。もちろん上がらせていただきました。

お勤《つと》めが終了したあとも、ひとりのお坊さんが見学者のそばに来てくれて、なんと！

お話をしてくれました。ひ〜、なんてありがたいのだろう！　と、大感激です。

本日はお参りして下さってありがとうございました、から始まって、お大師様は地下におられるのではありません。奥之院の後方にある御廟《ごびょう》が一番近いのです、「南無大師遍照《なむだいしへんじょう》金剛《こんごう》」といってお参りして下さいね、とお話が続きます。

２０２０年は空海さんが、「弘法大師」という諡号《しごう》を醍醐天皇より賜《たまわ》って１１００年なのだそうです。10月17日〜27日の期間は特別な記念法会《ほうえ》が毎日行なわれているそうで、その案内もありました。

そばでお話をしてもらえるのはありがたかったです。ああ、この方は空海さんのお弟子さんなんだな〜、という気持ちで拝聴しました。

高野山は奥之院の朝のお勤めが終わったと同時にスカーッと夜が明けます。行きはまだ夜が完全に明けていないという感じですが、帰りは朝になっているのです。ああ、1日が始まるのだな、というすがすがしい気持ちになります。

神在祭《かみありさい》の裏側

防府天満宮《ほうふてんまんぐう》（山口県防府市）

この神社は広いです。神社後方の駐車場から入ると、まず観音堂が目に留まり、そこから少し行くと楼門《ろうもん》の前に出ます。楼門の向こうには春風楼《しゅんぷうろう》（五重塔として完成予定だったけれど事情により変更された建物）があって、昔の神仏習合の雰囲気が今も残っています。この日は楼門の前で新郎新婦の撮影が行なわれていて、お天気はいいし、最高の参拝日和《びより》でした。

神様は太宰府《だざいふ》天満宮から来られた、見た目は20代後半くらいの男性です。端正な顔立ちの美青年貴族で、お姿を現したら女性のファンが激増するのでは？　と思いました。

私が参拝したこの日は神在祭の初日でした。

神在祭とは年に一度、日本全国の神様が島根県の出雲大社《いずもたいしゃ》に集まって会議をする、その期間に行なわれる出雲大社の神事です。多くの神々が旧暦の10月10日から10月17日の1週間、出雲大社に行かれます。神様がお出かけをしてお留守になるので、10月のことを神無月《かんなづき》といいます（逆に神様が集まる出雲では神在月《かみありづき》といいます）。

旧暦は月の満ち欠けを取り入れた暦《こよみ》なので、毎年同じではありません。そのため、旧暦で行なう神在祭の日程も毎年違うというわけです。２０２０年の神在祭は11月24日から12月1日でした。

各地の神様がお出かけになるのは、初日の日没後です。出雲大社近くにある稲佐《いなさ》の浜《はま》で「神迎《かみむかえ》神事」が行なわれるのですが、この時間が19時なのです。行くのは神様ですから、移動に時間はかかりません。ですから、ジャスト19時にお出かけになります。

つまり、それまでは自分の神社にいるので、神在祭の初日はどこの神社も神様はまだご在宅というわけです。

そこでまず、防府天満宮の神様が神在祭に行かれるのかどうか、そこから質問をしました。

「今日から神在祭ですが、神様は出雲大社に行かれるのでしょうか？」

すると、いきなり神様が着替えをしているところを見せてくれました。お付きの人のよ

うに見える眷属がいろいろとお手伝いをしています。

「あれ？　お召し替えをされるのですか？」

「そうだ。このように、準備をする」

「へぇぇぇ〜！」

神様の世界では正式な装束があるらしく、白いその服に着替えているのです。

「お前は行ったことがあるのだろう？」

「はい」

「そこで見た神々はこの服を着ていなかったか？」

「えっと……お召し物ですね……いや、そんな細かいところまで見てないです」

そう答えつつも、そういえば全員白い服

を着ていたような……と記憶が甦《よみがえ》ってきました。でもハッキリと覚えているわけではありません。神様によると、人間の姿をしている神様は全員、その白い装束を着ていくといいます。

「わざわざ着替えて行くということは、それはルールなのでしょうか？」

そうではなくて、みんなが正式な衣装を着ているので、こちらも失礼がないように……ということみたいです。人間でいえば、他の人がカクテルドレスや燕尾服の正装でパーティーに来ているのに、自分だけ普段着のジーンズとTシャツというわけにはいかない……みたいな感じでしょうか。

会議を開催する出雲大社の神様1柱だけを敬ってそうしているのではなく、そこに来ているのは全員「神様」ですから、お互いがお互いを敬う、尊敬する、それを表現しているそうです。

神様同士での礼儀なのですね。なんだか人間っぽいなと思ったので、こういう質問もしてみました。

「会議以外で、他の神社の神様と世間話とかするのでしょうか？」

「する」

第2部
神仏から聞いたためになる話

へぇ〜、そうなんだ！　と、自分で質問をしていながらちょっと驚きました。同じフロアの神様とは1年に1回、毎年会うわけですから、顔見知りです。会えばいろいろと会話が弾み、世間話もするそうです。

同じフロアというのは、神格がほぼ同じという意味です。神在祭の出雲大社は空間が7層に分かれていて、会議に参加する神様方は自分の神格に合った階層に行きます。これは誰かにレベル分けをされているということではなくて、自然とそこにス〜ッと行くようになっているのです。

「階層が違う神様ともお話をされるのですか？」

「それはない」

「挨拶もできないのでしょうか？」

最上階にいる神様と1階にいる神様とでは、神格がかなり違うらしく、同じ時期に出雲大社にいても会うことはないそうです。けれど、同じ階層の神々とは顔見知りですから、「よぉ！」「あれからどうだ？」みたいな感じで和気あいあいとしているらしいです。

そういう雰囲気なので、毎年神在祭が楽しみだといいます。どの神様も同じように神在祭をとても楽しみにしているそうです。

これを聞いた私は、へぇぇぇぇ〜〜〜〜〜！　と意外に思いました。

私はそれまで、「会議」に出席するわけですから、「仕事」と割り切って、淡々と行くのかと思っていました。人間でいえば、大がかりな会議に出席するために出張をする、義務だから仕方なく行く、みたいな感じだろうと考えていたのです。

実際はそうではないそうです。神様からすれば、1年に1回、他の神様と顔を合わせる機会であり、みんなが集うということでワクワクの行事なのです。出雲大社に滞在している間もずっと楽しく過ごしているそうです。

人間だったら、本社で会議があるからそれに出席する、出張しなきゃ、ああ、面倒くさい、と思う人もいるでしょうし、会議が取締役や役員ばかりだったら、緊張して疲れ果てる人もいると思います。

神在祭は神様の全国会議ですが、全然そんな雰囲気ではないそうです。どうやら神在祭は神様にとっても一大イベントのようです。

「超」おすすめの参拝日

「天満宮の神様だけでの会議も開催されますよね？」

もちろん、こちらもしているそうです。伊勢神宮関係の神様は伊勢神宮で、八幡様は宇《う》佐神宮《さじんぐう》で、お稲荷さんは伏見稲荷大社で、年に一度会議をしているのと同じです。天満宮の会議は10月の初めから10月のなかばくらいに、太宰府天満宮でするそうです（旧暦ではありません）。下旬ではないということですが、日程は年によって違うといっていました。全国の天満宮の神様とはその会議で会いますから、神格に関係なく全員知っているそうです。

そこで、ふと、岩津《いわづ》天満宮の神様を思い出しました。『開運に結びつく 神様のおふだ』という本に書いたのですが、この神様はお姿を現してくれて、木靴でぽっくりぽっくりと私と一緒に歩いてくれたのです。

「岩津天満宮の神様も出雲大社に来られるのですか？」

「同じ階層だ」

「どうかよろしくお伝え下さい！」

このような会話をしている間も、神様が出雲行きを楽しみにしていることが伝わってきます。人間でいえば、ウキウキしているような感じなのです。このあと、何社か神社を参拝しましたが、ほとんどの神様はお出かけを楽しみにしていましたし、イソイソと準備をしていました。

神在祭が近くなった頃に参拝をすれば、参拝した人間も神様のこの波動のおかげでハッピーな気持ちになります。神様のいつもとは違う波動を「意識して」いただくと、心の状態が整って明るく華やいだ、どこかウキウキした気分になれるのです。特に神在祭の初日は、全国どこであっても、神社に参拝することが「超」おすすめです。

さらに、神在祭の出雲大社も、できれば一度は行かれたほうがいいです。

今回わかったのは、会議に参加している多くの神様は本当に会議を楽しんでおられる、ということです。なので、ここはやはり、出雲大社の神在祭で自分をアピールしておきたいところです。しっかりご挨拶をして、自分が成し遂げたいこと、叶えたい夢などをお話して、自分を宣伝しておけば、多くの神様にしっかりと目をかけてもらえます。

春日《かすが》神社（山口県防府市）

参道の両脇が畑というひらけた土地にある、静かな雰囲気のよい神社です。境内に入ったところに狛犬が置かれており、その奥には狛鹿《こましか》が置かれていました。「あ」のほうがツノのあるオスで、「うん」はツノがないメスでした。本殿をぐるりとまわってみたら、神社の裏に小さな境内社が３～４社ありました。

ここの神様にも神在祭のことをお聞きしました。

「今日、出雲大社に行かれるのですか？」

「行く」

「境内社の神様もご一緒ですか？」

「いや、あの神々は行かない」

え？　それはどうして？　小さい神様だから？　と考えていたら、行っても行かなくてもどちらでもよい、参加するかどうかは選べる、ということを教えてくれました。へぇ～！　とこれも意外です。

小さな神様は自分が属する系統の神社会議（たとえば、稲荷社だったら伏見稲荷大社での会議です）に出た場合、行かないということは知っ

ていました。でも、系統の会議に出ない神様は全員、義務で出雲に行かなければいけないと思っていたのです。

「行きたくない神は行かずともよい」

そこは自由だそうです。たしかに境内社は小さい神様が多いし（祠だけとか、小さなお社だけという境内社が圧倒的に多いのです）、数も膨大です。境内社の神様が行くのか行かないのかは自由……と、そこはわかります。

「でも、ある程度大きな神社のご祭神は……絶対に行かなければいけませんよね？」

「自由である」

「えーっ！　では、行きたくないからと、欠席するご祭神もおられるんですか？」

「いる」

「えええーっ！　ある程度大きな神社だったら、イヤでも行かなければいけないのかと思っていました」

「そんなことはない（笑）」

どの神社であっても、行くのか行かないのかは自由だといいます。けれど、神格の高い神様はほとんど行っているそうです。参加は強制ではなかったのですね。いや〜、これには本当にビックリしました。

境内社の神様は行かない率が高いそうです。ここの神社の境内社は全員行かないといっていました。特別に何か用事がなければ行かないみたいです。

玉祖神社《たまのお》（山口県防府市）

拝殿の石段1段1段の両側に、鉢植えの花が置かれていました。左右6〜7鉢ずつ置かれているその花が華やかさを演出していました。

神様は古代豪族の祖先だという由緒書きがありましたが、たしかに神様は古い時代の男性のお姿です。見ると、すごく忙しそうに準備をしています。ここの神様も楽しそうで、お出かけする前の高揚した感じが伝わってきます。

「出雲に行かれる日は忙しそうですね」

「土産を準備しなければならぬ」

「えええーっ！　お土産⁉　お土産を持っていくのですか？」

お土産は必ず持っていかなければいけないとか、そういう決まりはないそうです。というか、持っていかない神様のほうが多いらしいです。持っていく神様は持っていく、ということで、そこは自由だそうです。

「あの？　お土産って、何を持っていかれるのでしょう？」

当日、神社にお供えされた物があれば、手をつけずにそれをそのまま持っていくそうです。

「当日にお供え物がなかったら……持ってい

かないのですね？」

１～２日前でも、果物や野菜ならオーケーだといっていました。ただ、魚は当日限定だそうです。お酒は出雲大社でお供えをされるから、お土産として持っていくことはないといっていました。こうして神様みんなで持ち寄って、集会を楽しむそうです。

ここで神様に、大昔の人間はうさぎがご馳走だった、と教えてもらいました。うさぎを狩ることができた日は、感謝の意味で神前にお供えしていたそうです。昔はうさぎをお土産として持っていく神様もいたそうで……時代によっていろいろと変わるのが面白いな～、と思いました。

神在祭２日目の防府天満宮

翌日も防府天満宮を参拝してみました。境内に入ると、神様の気配がありません。予定通りお出かけされたようです。楼門から拝殿エリアに入って、手を合わせ、祝詞を唱えると、12～13歳くらいの子が数人見えました。神様修行を始めて間もない眷属は子どもに見えます。お稲荷さんもそうです。子狐に見えるのです。

前髪をパッツン！とまっすぐに切っていますが、横と後ろは少し長めです。おかっぱの長めバージョンみたいな髪型で、女の子かと思ったら男の子だそうです。拝殿には7〜8人いて、バタバタと忙しそうに走りまわっていました。

神様の留守中は誰が参拝に来たのか、その参拝者が話した内容、願掛け、それらを全部記録として残しておかなければいけません。それだけでも大変なのに、神様も眷属もいないので仕事も山積みのようです。

楼門の内側にはベンチがあって、そこには干支のおみくじが全種類置かれていました。その写真を撮っていると、お宮参りの祈禱が始まりました。神様がいない時の祈禱はどうなっているのだろう？　と見ていたら、神格の高い眷属が出てきました。

この眷属が神様の留守中、祈禱の担当としてお祓いなどをするようです。パワーを与えたりもしますし、ごりやくも授けるみたいでした。神様はある程度大きな力を持った眷属を1体、留守番として残しているのです。この眷属の下に、さきほど見た修行の浅い眷属がいます。子どもに見える若い眷属は全員残っているそうです。

神格の高い眷属に話を聞くと、留守番は毎年変わるといいます。今年はこの眷属が当番ですが、来年は違う眷属が残るといっていました。どちらも一の眷属ではありませんが、ごりやくを与えられる力を持った眷属です。

ここは本殿の裏がとびきりの癒やし空間でした。とっても気持ちがいい場所なのです。私が行った時は誰もいませんでした。もったいないです。楼門前の表参道もけっこうスッキリしているのですが、本殿裏にはおよびません。

裏にあるしめ縄は比較的低い位置です。そこで手を合わせ、頭を下げたら、ありがたいことに紙垂《しで》が頭にちょろっと当たります。紙垂に頭を撫《な》でていただける神社はおそらく日本でここだけではないかと思います。神様の波動に頭を撫でていただけるのですから、縁起もいいです。

参拝に行かれる方は本殿裏をスルーしないことをおすすめします。

成功の秘訣

石上神宮《いそのかみじんぐう》（奈良県天理市）

久しぶりに参道を歩いて、ああ、そうだった、ここの神様は剣でよくないものをシュパパッと祓ってくれるので、ご神気がシャープなんだった～、と思い出しました。それを肌で感じると「参道の気温が低い」と変換をするのです。

参道は両脇に木々が茂っているので日陰です。物理的に少しは気温が低いとは思うのですが、「うわぁ、さっぶぅ！」とブルブルするくらい差があるように感じます。暑くて腕まくりをしていたのですが、慌てて長袖に戻しました。それでも寒かったです。

境内では神使のニワトリが元気に走りまわり、コケコッコー！　と鳴いていました。体が白くて顔だけが黒い烏骨鶏《うこっけい》が特に可愛いです。驚くほど足が速く、その走る姿がキュートなのです。しばらくニワトリたちを眺めて癒やしをもらいました。

この日は楼門を一歩入ったところで祈禱が始まり、大感激しました。拝殿で正式なご挨拶をしたあと、本殿エリアの向かいにある境内社エリアに行きました。境内社エリアは石段の上にあるので、本殿エリアの入口となる楼門を見下ろす感じになります。

そこからは本殿の千木《ちぎ》がよく見えて、ああ、そうそう！　ここから千木を見て、ご神気の流れを勉強させてもらったんだった、ということを思い出しました。神様が千木から金色のパワーを流してくれたこともあります。いろんな種類のご神気やパワーを流してくれて、それを見る練習をしたな〜、と懐かしく思いました。

石上の神様に会ったらいわねば！　と思っていたお礼をここで丁寧にお伝えしました。

私は神様霊能力をこの神様と、大神《おおみわ》神社の神様、熊野三社（私個人の三社で、熊野本宮大社《くまのほんぐうたいしゃ》、玉置《たまき》神社、飛瀧《ひろう》神社です）の神様に鍛えてもらったのです。熊野三社にもよく行きましたが、石上神宮と大神神社にもせっせと通いました。

神様霊能力をアップしたいことをお伝えすると、どの神様もいろんな形で協力をしてくれます。この願望は神様のことをもっと知りたいということですから、そのサポートをお願いすれば全力で応援してくれるのです。石上の神様も、大神の神様も好意を持って協力してくれました。

サポートをお願いしたら、あとは突き進むだけです。当時の私は「もしかしたら迷惑かも?」「よく思われていないかも?」などと考えたことは一度もありません。遠慮をしたこともまったくなくて、思いっきり神様の胸に飛び込んでいました。相手は神様ですから、ちゃんと受け止めてくれますし、理解もしてくれます。

皆様もサポートをお願いした神社で、考えようによっては不吉と思えることがあったとしても、神様は機嫌が悪いのかな? 嫌われたのかな? とネガティブに考えなくてもいいのです。時々このような質問をいただきますが、私は本当にただの1回もそのように思ったことはありません。

電車で奈良まで行って、もしくは激安レンタカーを借りて行き、「神様! こんにちは〜!」と、なんの遠慮もせず、気も遣わず……質問をしまくり、お願いもしまくりで、ふところに飛び込んでいたのです。

縁起が悪いことが起こっても、嫌われているサインかもしれないという意識すらなく、いつ行っても思いっきり甘えていました。今思うと……神様はそのように一生懸命な人のほうが可愛いのかもしれません。そういう人のほうが応援のしがいがあるからです。

神様に遠慮は禁物です。相手は「神様」なのです。失礼をしたところで、悪気がないことはわかっていますから、心配しなくても大丈夫です。

ああ、あの頃は一心不乱に努力をしていたな～、神様も協力を惜しまずたくさんのことを教えてくれたな～と、当時を思い出していたら、ありがたくて胸にこみあげてくるものがありました。

読者の皆様も、もっと神様に甘えてもいいと思います。神様は頑張っている人が大好きですから、必ず味方になってサポートをしてくれます。熊野三社もそうですし、石上神宮も大神神社も、他の神社もそうです。

自分を信仰する

私には成し遂げたい夢があって、そのことを神様にお話しました。誰が考えても、それは難しいだろうという夢なのですが、「頑張ります！」と宣言をしました。

「自分を信じることを減らしてはいかん」

これが神様からのアドバイスです。いつ、いかなる時も自分を信じる……この気持ちが大切だそうです。信じる気持ちを常に満タンにしておかなければいけない、絶対に減らしてはいけない、と強くいわれました。

私は桜井識子として批判されたり、文句をいわれたり、時には攻撃をされたりします。考え方や見えるものが違う人がいるのですから、そこは仕方がないと思います。気にしなければいいと、元夫にも相談をするたびにいわれますが、やっぱりそこは落ち込みます。

このように落ち込んだり、ショックを受けたりすると、自分を信じる気持ちが減ってしまうそうです。自信を失くす、イコール、自分を信じる気持ちが減る、ということです。反省すべきところがあると思えば、そこだけを反省すればいいそうです。人からいわれた理不尽な文句や攻撃を、全部正面から受け取って、心に傷をつけなくてもいいというわけです。

自分を信じる気持ちは大事である、という言葉の次にいわれたのがこちらです。

「人間の〝信じる〟気持ちには力がある」

「あっ！　それは、信仰心と同じ、ということですか？」

「そうだ」

石上神宮は高野山から源九郎稲荷神社に行く途中で参拝しました。ですから、私はこの時、清高お稲荷さんが人間の信仰心によって、大きくパワーアップし、復活したことを知っています。

この〝信じる〟気持ち、信仰心を自分に対して持つ、いい方を換えれば、「自分を信仰する」ということがポイントなのです。神様にあれだけの効果が現れる信仰心パワーです。その力は人間が思っている以上に大きいのです。

自分を信仰することで信仰心パワーを自分にも向けられます。神仏だけでなく、自分もぐ〜んとパワーアップできるというわけです。そうなると、現実のほうが自分に合わせてくれるようになります。もっとハッキリいえば、現実のほうから夢を叶えるように動きます。

さらに驚いたのは、才能よりも自分を信じる気持ちを強く持っていたほうが成功しやすい、ということです。成功運を引き寄せる、チャンスをものにするのは、才能ではなく自分を信じる気持ちだそうです。

才能が10点満点の10点、でも自分を信じる気持ちが5点の人と、才能は5点しかないけれど、自分を信じる気持ちが10点の人は、後者のほうが成功するといいます。そこまで人間の信仰心にはパワーがあるのです。

強くて揺るぎない自信を持つと、現実のほうが変化をしてくれるという話を『神仏に愛されるスピリチュアル作法』という文庫本に書きました。この自信というのは、才能とか能力とか難しく考えなくても、根拠のない自信で十分なのです。「私、運だけはいいのよね〜」「俺はいつかビジネスで大成功するような気がする」という、人に聞かせたら「はいはい」と流されてしまう自信でも、現実を変える力を持っています。

この「強くて揺るぎない自信を持つ」ということは、自分を信仰することだったのです。そしてその信仰パワーは第1部に書いているように、本当に力を持っていることが証明されました。

すべてがつながって、なるほど〜、と納得しました。人間がもともと持っている信仰パワー、それを自分のために使う、それで夢を叶えることができるのです。

「頑張ります！　次にお会いする時はいい報告ができると思います！」

「うむ。頑張りなさい」

石上神宮の神様は器の大きな神様です。思いっきり胸に飛び込むと、しっかりと受け止めてくれます。そして、そのあとは長く面倒をみてくれます。

関東の神話の時代からの神様

寒川《さむかわ》神社（神奈川県高座郡）

この神社を参拝するのは2回目です。まずは1回目の参拝（2015年）で感じたことから書きたいと思います。

スカッと土地が浄化されている神社で、すがすがしいご神気があふれています。表参道の左側にも参道があるのですが、ここの「気」がとてもいいので、表参道だけでなくこちらを歩くこともおすすめします。

左の参道は植え込みから榊《さかき》がいっぱい枝を伸ばしており、これがラッキーなのです。榊は神様の波動を蓄えやすいので、枝の下や横を通ると、神様の波動に撫でてもらうような感じになります。生きた榊の下を歩ける神社というのはなかなかありませんから、ありがたい神社でもあります。

私の第一印象では、ここの神様はふところが深く、慈悲深く、ひとことでいえばどっしりとすべてが大きい神様です。拝殿でご挨拶をすると、

「おぉ、来たか」

と、笑顔で歓迎してくれました。私のことを知っているような口調だったのは、出雲大社の神在祭で私がご挨拶しているのを見たからだそうです。神在祭の期間に出雲大社に行ったら、本殿の西側で全国から来た神々にご挨拶をしておくのがおすすめです。この時の私のように、初参拝でも目をかけてもらえるからです。

左の参道を歩いていたら、古代のシンプルな白木の神殿がチラチラと見えました。

どうやら神話の時代の神様のようです。ただ、この日は参拝客が多くて集中することが難しかったため、これ以上のお話は聞けませんでした。地理的に東京から近いし、また来ることもあるだろう、と失礼しました。

「宮山《みややま》神社」という末社が、道路を隔てたところにあります。末社といっても、そこそこ広い敷地に建てられている立派な社殿です。宮山の各地区にあった小祠《しょうし》に鎮座していた神様を合祀《ごうし》したという内容が由緒板に書かれていました。

手を合わせてみたら、ヘビの神様や、お稲荷さん、道祖神《どうそじん》などいろんな神様が入っていました。由緒板では8柱となっていますが、おられる神様は7柱です。

「仲良く入っておられるのですね」

という問いかけに「7柱だから」という答えが返ってきました。人数といういい方はおかしいのですが、人数が7人だったら、もうそれで大丈夫だそうです。「7」という数は丸く平和に収める、物事がよい方向にうまく進む、という特徴があるからです。七福神も7柱なので仲がよく、7の特徴がプラスされて縁起もいいそうです。

その話を聞いて、では、ここの神社も7柱なので縁起がいいのでは？　と思いました。

宮山神社は氏神様ばかりですから、地元の人が参拝するとしっかり守ってもらえます。手を合わせた時に別々にご挨拶をする必要はなく、地域にもこだわらず、7柱をひとまとめにしてお話をしても、まったく問題ありません。

気の詰まりを解消してくれた神様

2回目の参拝は5年後の2020年です。実はこの日、神社に到着する少し前から軽いめまいがしていました。周囲がグルグルまわるメニエール病のめまいではなく、ふわ～っとした立ちくらみのようなめまいでした。

駐車場から入ったところは左側の参道です。気持ちのよい空間なので、そこからすぐに拝殿のほうへは行かず、テントに展示されていた菊を見せてもらいました。菊の季節だったので、たくさんの鉢植えが置かれていたのです。

菊を堪能してから三の鳥居へ行きました。あらためて正面の大きな鳥居から境内に入ります。表参道を歩いてすぐに、あれ？　この神様の波動は……どこかで感じたことがある、と思いました。えっと、どこだっけかな？　と考えて……、

「わかった！　宮崎《みやざき》神宮だ！」

と気づきました。「古代の日本」「ヤマト民族の神様」の波動なのです。混じりっけのないこの国独自の「気」です。由緒では男性と女性の神様が鎮座していることになっていますが、ご祭神は男の神様です。遠い遠い古代……神話の時代に生きていた人物です。

ニニギさんの息子さんと同じ時代なんだ〜、とわかったのですが（神武天皇が東征をした時代です。『和の国の神さま』という本に詳しく書いています）、あれ？　でもその当時って、このへんはまだ未開の土地だったのでは？　と思いました。

神様によると、九州や近畿のあちこちにクニができていた時代、関東にも同じくできていたそうです。ただ、関東はクニの規模が小さく、有名な人物がいませんでした。それで歴史に残っていないとのことです。なるほど〜、と思ったところで、一旦この話は終わりました。

拝殿で手を合わせ、正式なご挨拶をして、それから「神嶽山神苑《かんたけやましんえん》」を見に行きました。左の参道奥にあるのです。拝観する気満々で行ったのですが、そこにあった案内板に、「入苑は御本殿にて御祈祷（お祓い）を受けられた方に限ります」と書いてありました。そういえば、読者さんがメッセージで教えてくれたことがあったなぁ、と思い出しました。

祈禱か……どーしよーかなー、と悩んでいたら、

「祈禱して帰りなさい」

と神様がいいます。今から祈禱か……祈禱は時間がかかるから、体調のよくない今日はちょっとしんどいかも～、と躊躇《ちゅうちょ》していたら、

「ここの祈禱は短い」

アッサリとそういうのです。

「そうなんですか？　じゃあ、しときます」

そんなに乗り気ではありませんでしたが、祈禱をお願いするために受付に行きました。

この神社は祈禱の申し込み用紙を書くと

ところに、内容をチェックをしてくれる係の人がいます。願掛けのところに「無病息災」と書いたら、ここでは「身体健康」だそうで、書き換えてくれました。

そして、驚くことに！　寒川神社の祈禱料は3千円からでした。3千円、5千円、1万円と続きます。3千円は良心的だな～、と思いました。でも、せっかくなので5千円コースでお願いしました。

神社の規模が大きいため、大人数で祈禱が受けられるようになっています。年始や節分、七五三など、行事がある時は参拝客がドッと来るのでしょう。

女性の神職さんがお祓いをして、そのあと男性の神職さんが祈禱をします。参加者の住所と名前と祈願を読み上げてくれて、その後、祝詞をひとつ唱えて終わりです。

え？　えええっ？　もう終わり？　というのが正直な感想でした。

祈願ごとに違う祝詞を唱えてくれる神社がありますし、巫女さんが神楽鈴《かぐらすず》を持って舞を舞う神社もあります。太鼓と笛の生演奏を聞かせてくれる神社もあったりして、祈禱の儀式もいろいろです。

ここの神社は玉串《たまぐし》の奉納をひとりずつさせてもらえますから、それはありがたいと思いました。それと、男性の神職さんが天井から下がっている鈴を鳴らすのですが、これが心に響くよい音でした。紐に小さな鈴がたくさんついていて、しゃらんしゃらんしゃらん、と鳴るのです。ああ、いい音色だな～、とうっとりします。

祈禱が始まると神様が出てこられ、大きなお鏡の前に座ります。それからすぐに、私の真ん前にスッと来ました。

「上を向け」

なんだろう？　と思いつつ、いわれた通りに上を向くと、私の首を神様が両手で軽～く挟みました（手のひらは上を向けたままで、です）。首を両側から挟んで、ちょっと持ち上げるような仕草をしてくれたのです。時間にすると5秒くらいでした。

それが終わると、くるっと向きを変え、お鏡の前にまたストンと座りました。たったそれだけだったのですが、ふら～っとしていた頭がスッキリ！　シャッキリ！　クリアになりました。

神様がいうには、私の首に「気」が詰まっていたらしいです。人間も神仏のように、自分の「気」を持っています。その「気」は、体の中や体の周囲を常に巡っているのが普通です。

流れる、まわる、というそのような状態になっていなければいけないのに、この日の私の「気」はうまくまわっていなくて、首のところで詰まっていたそうです。それで立ちくらみのようなめまいを感じていたといわれました。

ストレスが強かったり、くよくよ考えすぎて心に負担がかかると、首のあたりで「気」が詰まることがあるそうです。神様が詰まりを解消してくれたおかげで楽になって、そこからは一切めまいを感じませんでした。

関東にも残る「ヤマト」という「気」

神苑にも行きました。お庭は普通でしたが、ここはお茶屋さんがナイスです。抹茶とお菓子のセットが500円でいただけます。お菓子は3種類あって選べます。私は小さなチョコレート2個のお菓子にしました。生チョコレートでとっても美味しかったです。チョコも美味しかったのですが、抹茶はそれ以上でした。抹茶ってやっぱり美味しいな～、とあらためて思いました。

福祉用具専門相談員の仕事をしていた時に担当していた、利用者さんの奥さんが茶道の先生でした。お宅に伺うと抹茶をたててくれることがあったのですが、私にたてさせてくれたこともありました。

もちろん初めての経験です。横で奥さんがお手本を見せてくれて、その通りにシャカシャカと頑張ったのですが……私がたてた抹茶は苦みが強くて飲みづらく、奥さんがたてた抹茶はほんのり甘くて美味しかったです。同じ抹茶なのに、どうしてここまで味に違いがあるのだろう……？　と不思議でした。そういうことがあったなぁ、と懐かしく思いながらいただきました。

ここの抹茶もほんのり甘くて美味でした。あとから出してくれた煎茶が苦く感じられて、普通のお茶のほうが苦いんだな、と思いました。

お菓子も抹茶も美味しくいただいて、最後に神苑を歩きながら、神様のことを改めて詳しく教えてもらいました。

「ニニギさんの息子さんと同じ時代ですか？」

それよりも５００年くらいあとだということです。でも、その当時の５００年だったら、同じ時代だといってもいいと思います。

神様はこのあたりを治めていたそうです。

宮崎からニニギさんの孫が出発して、近畿へいき、そこでヤマト政権ができて……と表舞台ではそういう出来事がありますが、それ以外の地域でも同じようにクニができていたのです。ちゃんとクニとして秩序のある暮らしをしていました。

でも、この地方はクニの規模が小さかったのと、それを語り伝える風習がなく、伝えようという人物もいなかったそうです。記録がないから、歴史から消えてしまったけれど、ここにも同じようにクニがあったのです。

記録にないからといって「存在しなかった」わけではありません。記録されていないため、歴史に残らなかった大きな出来事はたくさんあるそうです。偉人も、歴史に残っていないだけでたくさんいた、といっていました。

現代の私たちが知らないだけなのです。関東にも立派なクニがあったし、それを作った人物もいました。伝わっていないだけで、興味深い出来事や偉い人もいっぱいいたのです。

面白いですね。いつかそういう人物や出来事を全部映像で見られたらいいな、神様世界の成り立ちとかも映像で見られたらいいな、と独りごとをいうと、神様は笑っていました。

ここの神様は神武天皇東征の時代から神様です。ヤマトという「気」が強いです。大陸から人が流れて来る前の日本、その意識が強く境内にあります。神様が人間として生きていた時代の関東地方がここに「気」として残っているのです。貴重な神社です。

「今日聞いたことは、どれも本に書いていいですか？」

「お前には信頼がある。なんでも書け」

太っ腹な神様でもありました。

おわりに

私がこれまでに書いた神社仏閣のその後について、読者さんがいろいろな情報を送ってくれます。本当にありがたいことだと感謝しております。

そこで、この本のテーマに沿っていると思われる2つの情報を最後に紹介します。

まずは「北山稲荷大明神《きたやまいなり》」（茨城県坂東市）です。この神社のことは『神さまと繋がる神社仏閣めぐり』という本に、チラッと書きました。平将門さんの終焉《しゅうえん》の地といわれている場所なので行ってみたのですが、参道がボーボーに伸びきった雑草で覆われていました。途中からは藪《やぶ》になっており、その藪は私の背丈よりも高かったのです。まったく前に進めない状態でした。

長い間、参拝者が来ないせいか、境内が荒れっぱなしのせいか、お稲荷さんは怒りを持っていて、よくない状態でした。ヘタに参拝をしたら強引にご縁を結ばれてしまう……そして、そうなったらあとが大変、という神社だったのです。ある意味ボーボーに雑草が生えていて助かりました。

最近いただいたのは、参道の雑草が刈り取られて、参拝できるようになっていましたよ〜、という情報です。それは！　見に行かねば！　ということで、レンタカーを借りて行ってきました。

6年前は一面に茂っていた背の高い雑草や細い木などが、見事に刈り取られていました。整地もされていて、スカーッとひらけた道ができていたのです。スッキリとした境内になっていました。

ここは社殿が建っているのではなく、小さなお堂があるだけです。お稲荷さんはどうなっているのかな、と見たら……お堂の空間に「正しく」鎮座していました。

しばらくの間、信仰がまったくなかったせいで、サイズは小さいです。子猫くらいの大きさで、ああ、お気の毒に……と思いました。パワーも弱かったです。色も濃いコゲ茶色にまで変化しており、毛もバサバサでした。

でも、お稲荷さんはお堂の空間をしっかりと維持していて、真っ直ぐ正面を向いて座っていたのです。そのお姿には、「心機一転、やり直す！」という決意が現れていました。怒りで野狐に落ちぶれる寸前まで神格が落ちていたお稲荷さんです。よくぞここまで、というくらいの復活でした。お堂の前は、以前とはまるで違う神聖な空間となっていました。

読者さんの情報では、地元のおじさんが草を刈ったり、地面をならしたり、全部ひとりで整えられたそうです。以前は山奥の藪というくらいの茂りようでしたから、キレイにするには時間がかかったと思います。それをたったひとりでされたというのが素晴らしいです。その方の信仰心が北山のお稲荷さんを救ったのですね。

ブログに書いた「扇森稲荷《おうぎもりいなり》神社」（大分県竹田市）も後日談が届きました。

この神社には多くの眷属がいます。眷属ではないお稲荷さん（お塚信仰《つかしんこう》のお稲荷さんです）もいて、にぎやかです。山の上にある奥宮に行く途中に、細い脇道に沿って小さな祠が並んでいました。お塚です。この神社のお塚は明るいので、参拝しても問題ありません。

ここで、倒れた狛狐像や、倒れた「牛乃神」と書かれた石碑から、「起こしてくれ」と頼まれました。どちらもお稲荷さんが宿っていたのです。狛狐像は小さいので立てることができましたが、石碑は重たいし、固定しなければいけなかったので無理でした。倒れかかっていた小さな鳥居を、立ててほしいと別のお稲荷さんにもいわれました。

そのことをブログに書いたら、すぐに読者さんが何人か行かれ、石碑を立てたり、スコップで鳥居を立て直したりして下さったのです。このことについてはブログでご報告しました。

先日いただいた情報は、お塚信仰のところに新しい通路ができていましたよ〜、というものです。その方のブログに写真が載せられていたので、状況がよくわかりました。

脇道がコンクリートの立派な参道に作り変えられていたのです。以前は草が生えた地面の上に、じかに祠が置かれていたのですが、現在はコンクリートの土台が作られていて、その上に祠が置かれています。空き地のような場所に、バラバラにただ置かれているだけだったお塚が整然とキレイに並べられていました。

お塚のお稲荷さんは喜んでいるだろうなぁ、としみじみとその写真を拝見しました。スッキリ整えられたそのあたりはお塚信仰の雰囲気ではなく、輝いていたのです。

ここまで神社にしてもらったことにより、これからはお塚のお稲荷さん方は神社のためにせっせと働くように思います。写真からはすでに眷属となったお稲荷さんがいることが感じられました。本当によかったです。

心あたたまる後日談はたくさんあって、すべてを紹介できないのが残念です。このように本やブログにチラッとしか書いていないところでも、読者さんはしっかりと読んで下さって、参拝に行かれたり、お世話をして下さったりするのです。ありがたいことだと思います。

これは私ひとりでは絶対にできません。さらに、私ひとりだけの信仰心では、神様をパワーアップして差し上げることもできないのです。それを思うと、素晴らしい方々が読者さんで本当によかった、と感謝の気持ちでいっぱいになります。

人間は悪いこともできます。そこには自由意志が尊重される、という決まりがありますから、神仏も悪いことをする人を止めたりしません。なので、人を騙したり、意地悪をしたりも自由にできるわけです。

逆に、人間はいいこともできます。人や動物に優しくしたり、困っている人を助けたり、神仏を応援したりもできるのです。

どちらを選ぶのかで、人生が変わってきます。人に意地悪をして生きる人生なのか、人に優しくする人生なのか、決めるのは「自分」です。

いるかどうかわからない、存在が見えない神仏に何かをするなんて馬鹿げている、と思うのは自由ですし、時間や費用がもったいないと、参拝をしないこともかまいません。そのことを誰かに……たとえ神仏であっても、とやかくいわれることではないのです。

でも、「私でよければ、応援に行って差し上げましょう」と、そちら側の人生も選べるわけです。


人間はあちらの世界に帰ったら、修行をすることで、神様になることができます。菅原道真公や平将門さん、楠木正成さんでおわかりのように、人々を助ける立派な神様になれるのです。

また、修行をすることで、仏様になることもできます。空海さんや最澄さん、元三大《がんざん》師、円仁《えんにん》さんなど、多くの方が人々を救う仏様になっています。

人間は……神様にも、仏様にもなれる存在です。

神様になった方や、仏様になった方だけが特別なのではありません。修行をすれば、誰でもなれるのです。それはつまり、人間は神仏の素質を持っている、ということです。素晴らしい存在なのです。

神仏と同じものを……もちろん、生きている今は弱くて微々たるものですが、それを持っているのが私たち人間です。私もそうですし、この本を読んでいる読者さんもそうです。ひとりひとりが、神仏の素質を持った貴重な存在であり、磨き方次第でまばゆいばかりに輝けるのです。

人に優しくしたり、神仏を応援したり、純粋に誰かのことを思って行動することは、一輪の花を心に咲かせるようなものです。この花は自分の内側にある神仏と同じものが芽を出して花を咲かせています。心に清い花を咲かせたままで人生をまっとうできれば、それが最高の生き方かもしれないと、私はそのように考えています。

桜井識子

〈著者略歴〉

桜井識子（さくらい　しきこ）

神仏研究家、文筆家。

霊能者の祖母・審神者の祖父の影響で霊や神仏と深く関わって育つ。

1,000社以上の神社仏閣を参拝して得た、神様仏様世界の真理、神社仏閣参拝の恩恵などを広く伝えている。神仏を感知する方法、ご縁・ご加護のもらい方、人生を好転させるアドバイス等を書籍やブログを通して発信中。

『和の国の神さま』『新装版 ひっそりとスピリチュアルしています』『開運に結びつく神様のおふだ』（以上、ハート出版）、『神様が教えてくれた縁結びのはなし』（幻冬舎）、『にほんの結界ふしぎ巡り』『神様と仏様から聞いた人生が楽になるコツ』（以上、宝島社）、『死んだらどうなるの？』（KADOKAWA）など著書多数。

桜井識子オフィシャルブログ　～さくら識日記～
https://ameblo.jp/holypurewhite/

神様のためにあなたができること
人間の信じる気持ちには力がある

2021年5月4日　第1版第1刷発行

著　者　桜井識子
発行者　後藤淳一
発行所　株式会社ＰＨＰ研究所
東京本部　〒135-8137　江東区豊洲5-6-52
第一制作部　☎03-3520-9615（編集）
普及部　☎03-3520-9630（販売）
京都本部　〒601-8411　京都市南区西九条北ノ内町11
PHP INTERFACE　https://www.php.co.jp/

組　版　株式会社PHPエディターズ・グループ
印刷所　株式会社精興社
製本所　株式会社大進堂

ISBN978-4-569-84911-9

PHPの本

あなたにいま必要な神様が見つかる本

「ごりやく別」神社仏閣めぐり

桜井識子 著

勝負運、金運、人間関係運・恋愛運、健康運……専門の強い神様はどこに？　ごりやくと参拝のコツを識子さんが神仏に直接お尋ねしてきました！

定価 本体一、四〇〇円（税別）